경제의 창으로 보는 세상

일러두기

경제칼럼의 생생함을 살리기 위해 시의성 있는 단어와 문장을 연재 당시 그대로 수록하되
독자들의 혼선을 막기 위해 신문 게재 날짜를 병기했습니다.

한국 사회를 날카롭고 통쾌하게 진단하다

윤 경 호 경 제 칼 럼 집

경제의 창으로
보는
세상

윤경호 지음

매일경제신문사

글을 쓰는 일은 즐거움일 수도 고통일 수도 있다. 내게는 즐거움
보다 고통에 더 가깝다. 매번 시한을 정해 놓고 쓰는 글은 더욱 그렇
다. 소설가나 평론가들도 시한을 얘기하지만 평생 신문기자로서만
글을 써 온 필자는 여유를 갖고 쓰는 경험을 해 보지 못했으니 고통
속에 쓴 글이 더 많을 듯하다.

초등학교, 중학교 다닐 때 썼던 일기장을 가끔 펼쳐 보면 글솜씨
가 얼마나 형편없었는지 부끄러워 고개를 들기 어려울 정도다. 그랬
던 필자가 매달 한 번씩 쓴 글로 독자들을 만나며 애정 담긴 성원과
따끔한 질책을 적지 않게 받고 있으니 가히 뽕나무밭이 바다로 바뀐
'상전벽해'에 비유할 만하다.

신문 글쟁이는 타고난 솜씨와는 무관하게 반복된 훈련으로 만들
어진다는 것을 나 스스로의 변신을 통해 여실히 확인한다. 물론 아직

도 완성된 글솜씨가 아님을 잘 알고 있고, 더 갈고닦아야 함을 모르는 바 아니다.

신문에 데스크칼럼이나 시평 형태의 정기적인 글을 쓰기 시작한 것은 워싱턴특파원을 마치고 들어와 2009년 9월 받은 첫 보직 여론독자부장 시절부터였다. 그전까지 썼던 글과는 무게와 책임이 달랐다. 맡은 분야에서 가장 관심을 끌 만한 현안을 찾아 다뤄야 했다.

〈매일경제〉 2009년 9월 4일 자에 처음 쓴 데스크칼럼은 '한국경제 왜 강한지 아느냐고?'라는 제목을 내건 글이었다. 거시경제정책을 맡고 있는 기획재정부와 청와대 경제수석실 관계자들을 향한 물음이었다. 세계경제에 100년 만의 위기를 초래했다는 리먼브라더스 파산 후 1년도 지나지 않은 시점인데도 대한민국 경제를 둘러싼 주변에는 장밋빛 전망이 넘치고 있었다. 어느 국책은행 산하 연구소가 세계경제 침체 속에서도 한국경제가 빠른 회복세를 보인 배경을 분석했다며 보고서를 내놓았다. 제목이 '한국경제 왜 강한가'였다. 재정당국의 신속하고 과감한 경기부양 예산 투입과 재정 조기집행이 경기 회복을 이끌었다고 치켜세웠다. 필자는 칼럼에서 우리 정부와 국민이 10년 전 외환위기를 1년 반 만에 극복했다는 자신감 때문에 이번 경제위기도 1년 만에 극복했다고 자랑하고 싶어 하는 것 아니냐고 지적했다. 미국에서는 위기 후 반등했다가 다시 곤두박질치는 더블딥을 걱정하고 추가 경기부양책을 얘기하는데 우리는 너무 장밋빛 환상에 빠진 것 아닌지를 되물었다. 재정에서 돈을 풀어 경기를 부양하는 바람에 재정적자가 50조 원까지 늘어났는데 어떻게 한국

경제가 왜 강한가를 자화자찬할 수 있는지 의문을 갖지 않을 수 없었다. 평소 알고 지내던 정책 담당자가 칼럼 게재 후 곧바로 전화를 걸어 왔다. 좋은 지적에 귀를 기울이겠으며 결코 자만하지 않는 자세를 견지하겠다고 말했다.

쓴 글에 대한 반응이 즉각 나타날 땐 묘한 쾌감을 느낀다. 하지만 신문기자가 쾌감을 얻기 위해 글을 쓰는 건 아니다. 발을 딛고 있는 그 시점에 나라가 잘 굴러가고 있는지, 과거의 잘못을 잘 수습하고 미래를 향해 얼마나 진지한 노력을 펼치고 있는지를 점검해 문제점을 지적해 보려는 작은 사명감 때문이다.

이런 잣대는 지금도 여전히 유효하다. 7년 전 썼던 칼럼을 다시 읽어 보시라며 책으로 묶어 감히 내놓는 무모한 시도는 지금의 경제 정책을 담당하는 당국자에게 7년 전과 똑같은 문제의식과 질문을 던져도 무방하다는 생각 때문이다. 경제 규모가 커졌고 경제를 둘러싼 환경이 달라졌음에도 한국경제가 처한 난관이나 위기는 비슷하게 반복되고 있어서다. 짧은 칼럼을 통해 세상의 문제를 제기하고 해법까지 제시하기는 어렵지만 그래도 공감하는 독자들이 생긴다면 많은 이들의 지혜를 모아 집단지성을 작동하듯 조금 더 나은 대안을 찾는 데 기여할 수 있을 것으로 믿고 있다.

책의 제목을 '경제의 창으로 보는 세상'이라고 붙였지만 글의 주제는 정치, 경제, 사회 각 분야에 두루 걸쳐진다.

정치분야에서는 대한민국의 미래를 위해 우리 사회 구성원들이 얼마나 고민하고 실질적인 노력을 하고 있는지 돌아보고 부족한 부분을 메우자는 제안을 했던 칼럼을 앞에 내놓았다. 많이 남아 있는 것 같던 2020년이 어느덧 눈앞에 다가와 있다. 2016년 4월에 뽑은 20대 국회의원의 임기가 2020년까지이니 결코 멀지 않다. 2030년 역시 훌쩍 우리 곁으로 다가올 것이다. 국가, 기업, 개인 각각이 얼마나 대비하고 있는지 끊임없이 점검해 봐야 한다.

경제분야에서는 기업 구조조정, 고용과 실업, 전셋값 등 한국경제를 옥죄고 있는 거시경제 요인들과 일상생활에서 부딪치는 경제 현상을 가능한 쉽게 풀어 보려고 썼던 칼럼들을 추렸다. 필자는 2006년부터 3년간 미국 워싱턴DC에서 특파원으로 일하면서 글로벌 금융위기 전개와 수습 과정을 누구보다 생생하게 지켜봤다. 세계적인 투자은행 리먼브라더스의 파산이 가져온 파장은 메가톤급이었고 이후 벌어진 소용돌이는 가히 전례 없는 폭풍이었다. 경제신문 기자로서 세계경제와 한국경제의 연관성을 모르지 않았지만 이후부터는 대외 요인이 한국경제에 미치는 영향에 대해 남들보다 조금 더 많은 관심을 갖고 지켜보게 됐다. 몇 편의 칼럼은 그런 관심의 결과물이다.

사회분야에서는 한국사회의 이중구조를 깨야 한다는 칼럼 몇 편으로 시작했다. 그래도 사람 냄새 물씬 나는 공동체를 만들기 위해 각계에서 헌신하는 이들이나 그런 사회 분위기를 만들기 위해 노력하는 이들의 모습을 담은 칼럼에 더 비중을 뒀다. 상대방을 향해 틀렸다고 비난하기보다는 상대와 내가 다름을 인정하는 데서 손잡기가 더 쉬워진다는 평범한 진리를 되새기려는 칼럼 몇 편도 넣었다.

각 칼럼 말미에 밝힌 날짜는 필자가 일하는 〈매일경제〉와 온라인 및 모바일 사이트 등에 칼럼을 게재했던 시점을 의미한다. 칼럼집인 만큼 길게는 7년 전에 썼던 글도 있고 바로 엊그제 신문에 실었던 글도 있다. 비록 오래된 소재일지라도 지금의 한국사회에 비슷한 문제의식과 대안 모색이 여전히 같은 비중으로 적용될 수 있을 것이라는 생각이다. 칼럼 하나가 세상을 바꿀 수는 없지만 칼럼을 읽고 공감하는 이들이 많아지면 그 힘이 세상을 바꾸는 작은 동력으로 변할 것이라고 기대한다.

2016년 6월 필동 집필실에서
윤경호

CONTENTS 👓

:
:

01

대한민국
생존을 위한 길

———

2030 미래를 향해

.
.
.

📚 2020년 맡길 사람 뽑았나요?

'2020'의 상징성은 컸다. 21세기로 접어든 2000년 초 중장기 미래 비전을 얘기할 때 내건 시점은 주로 2020년이었다. 눈앞 현안이나 단기 정책에서 벗어나 멀리 보는 사안을 다룰 때 거론되는 분기점이 었다. 이명박정부 말기인 2012년 기획재정부가 장기전략국을 신설 했다. 국가적 과제에 대해 10~30년 계획을 갖고 정책을 모색하기 위 해서라고 설명했다. 장기전략국이 처음 작성한 보고서도 2020년을 꺾이는 시점으로 잡았다.

그렇게 신기루 같던 2020년이 어느덧 곁으로 다가왔다. 어제 뽑 힌 20대 국회의원 임기가 그해까지다. 다음 달 30일부터 2020년 5월

29일까지 딱 4년이다. 아직 멀리 떨어져 있는 걸로 생각했는데 훌쩍 뛰어 눈앞에 있다.

아무리 돌아봐도 이번 총선에서 떠오르는 건 '진박 마케팅'과 '친노 패권주의' 같은 단어밖에 없다. 추잡한 공천 파동은 진절머리를 치게 했다. 계파 간 주도권 다툼과 구도 싸움만 횡행했다. 새누리당의 수도권 패배와 과반수 획득 실패는 오만함에 싸늘해진 민심이 고스란히 반영된 결과다.

총선이 정책 대결이길 기대했지만 소용없었다. 공약이 실현된다면 시민의 삶을 바꿀 수 있다. 그러나 정당과 후보자 그리고 유권자까지 진정성을 갖지 않았다. 일선 현장에서는 제대로 된 정책 토론을 찾아보기 어려웠다. 새누리당의 경제성장과 일자리 창출 공약은 재탕 삼탕이었다. 불공정한 경제구조 전환과 미래형 신성장산업 육성을 내건 국민의당 공약은 교과서를 베낀 듯했다. 더불어민주당의 소득 하위 70퍼센트 노인 기초연금을 2018년까지 30만 원으로 끌어올린다는 방안은 19조 원의 재원이 들어가야 한다. 정의당이 내놓은 2020년까지 국민 평균 월급을 300만 원으로 실현하겠다는 약속도 희망사항일 뿐이다. 대통령선거에 나선 건지 착각하게 할 정도의 황당한 공약을 내건 후보도 있었다.

이렇게 실망과 아쉬움이 컸지만 그래도 이번 총선은 멀리만 있는 것 같았던 2020년을 눈앞으로 끌어다 준 디딤돌이었다. 그런데 정작 출마했던 935명 후보자 가운데 중장기로 가는 분기점으로 2020년을 생각한 이가 몇 명이었을까. 부푼 가슴으로 오늘 아침을 맞는 300명의 당선자 중에는 대한민국의 중장기 비전과 전략을 고민한 이가 몇 명이나 될까.

선출직 공무원이라고 임기가 무조건 보장되는 건 아니다. 임기 도중이라도 뽑아줬던 국민이 투표로 해임시킬 수 있는 방법이 있다. 국민소환제도다. 유권자의 뜻을 거스르는 정책을 폈다면 주민들이 소환, 해임, 파면이라는 카드를 쓰는 것이다. 헌법엔 대통령도 탄핵 소추를 받을 수 있다. 지방자치단체장과 지방의원에게도 주민소환제를 적용한다. 하지만 국회의원은 국민소환 대상에서 쏙 빠져 있다. 2013~2014년 스스로 쇄신 의지를 보인다며 새누리당과 당시 민주당이 각각 국회의원 특권 내려놓기라며 국회의원 국민소환제 도입을 천명했지만 허언이었다. 입법권을 가진 국회의원들에게 제 머리 깎으라고 해 봐야 소용없을 테니 국민의 힘으로 다시 압박해 성사시켜야 한다.

총선이 끝났으니 이제 대권을 거머쥐겠다는 잠룡들이 무수히 나설 것이다. 20대 국회의원들에게 2020년을 맡겼다면 내년에 뽑을 대통령에게는 그 이후를 걸어야 한다. 자신의 임기 내 정책이 그다음 10년, 20년을 내딛는 징검다리임을 강조하는 정치지도자가 필요하다. 2020년을 제대로 맞지 못하면 2030년을 기약하기 어렵다. 대한민국 정부 수립 100주년인 2045년을 향한 이정표도 세워야 한다. 2030년과 2045년에 대비한 비전과 전략을 보여 주는 지도자라면 기꺼이 지지하고 박수를 보내야겠다.

— 〈매일경제〉 2016년 4월 14일 자 '매경포럼'

지도자들은 미래의 꿈을 국민에게 제시한다. 목표를 설정하고 슬로건으로 집약한다. 그것을 통해 기대와 희망을 갖게 한다.

시진핑 중국 주석은 두 개의 100년이라는 표현을 썼다. 공산당 창당 100주년인 2021년엔 전면적 소강사회小康社會를 이루겠다고 했다. 소강사회는 《예기》에 나오는 이상사회다. 덩샤오핑이 1979년 내놓았다. 장쩌민을 거쳐 시진핑까지 이를 이어받아 시대 상황에 맞춰 활용하고 있다. 또 하나는 중화인민공화국 수립 100년인 2049년까지 사회주의 현대화를 완성한다는 것이다. 중화민족의 위대한 부흥이라는 꿈 실현이다. 중국몽中國夢이 여기 있다.

나라마다 미래를 향한 중장기 국가 전략 수립에 공을 들인 건 어제오늘 일이 아니다. 미국에서는 국가정보위원회NIC가 맡는다. 16개 정보기관을 관할하는 국가정보국DNI의 보좌기구로 정권이 바뀌어도 지속된다. 포괄적인 트렌드를 파악함으로써 미래를 대비한다. 4년 단위로 발간하는 〈글로벌 트렌드Global Trends〉라는 보고서는 1997년부터 대선이 있는 해에 대통령 당선자에게 보고되는 것으로 유명하다.

중국은 국무원 산하 국가발전연구원 몫이다. 영국은 2002년 토니 블레어 정부 때 미래전략처를 총리실 직속으로 뒀다. 싱가포르 총리실 산하의 미래전략센터도 비슷한 목적과 역할을 위해 둔 기구다. 스웨덴이나 핀란드도 이쪽에선 앞선 나라들이다.

대한민국에서는 중장기 미래 전략을 어디서 고민하고 있나. 이명박정부 때 대통령 직속으로 미래기획위원회와 기획단을 가동했지만 정권이 바뀐 뒤 사라져 버렸다. 박근혜정부에서는 우선순위에서도 밀려나 있고, 대통령의 관심 대상도 아닌 듯하다. 청와대 국정기획수석비서관실은 현안에 더 쫓긴다. 미래창조과학부는 창조경제에 허덕일 뿐 미래를 감당할 여력이 없다.

정부조직법 규정으로는 기획재정부 몫이다. 재정 앞에 기획을 붙여 놓은 것은 중장기 국가 발전 전략을 맡고 있어서다. 미래사회정책국이 담당 조직이다. 그런데 팔에 채워진 완장의 무게를 보면 많이 부족하다.

중장기전략위원회라는 민관합동자문기구도 두고 있지만 모양 갖추기다. 미래사회정책국 출범 때는 장기전략국과 중장기전략위는 이명박정부 말기인 2012년 박재완 당시 기재부 장관의 의지로 만들었다. 그해 말에〈대한민국 중장기 정책과제〉보고서를 낸 뒤 개점휴업 상태로 방치했다.

박근혜정부는 출범 후 2년여를 보낸 지난달에야 제2기 위원회를 소집했다. 민간 전문가에다 장관급 정부위원을 합쳐 새로 출범했지만 그 나물에 그 밥이다. 위원회는 "5~10년의 시계에서 보다 구체적인 방향성을 제시하는 동시에 현 정부 내에서 즉시 실행해야 하는 과제도 발굴할 계획"이라고 한다.

실무조정위원회 작업반을 보면 상투적이다. 아직도 인구구조, 과학기술, 대외·통일, 환경·에너지, 사회구조에서 맴돈다. 예단하자면 저출산 고령화 대책이 시급하다거나 양극화 해소를 위한 사회통합이 절실하다는 식이 될 것 같다. 그런 정도로는 국민에게 식상함밖에 줄 게 없는데….

미국 NIC가 두 해 전 2030년 글로벌 트렌드를 내다보며 뽑은 '블랙 스완black swan, 터질 경우 파괴력 높은 돌발 변수' 여덟 가지는 이렇다. 글로벌 무정부주의, 전염병 창궐, 기후변화 가속화, 태양자기장 폭풍, 핵전쟁 및 사이버전쟁, 유로 및 유럽의 붕괴, 중국의 붕괴, 이란의 개혁 등이다. 슈퍼파워로서 지구촌 변화를 미리 대비하려는 미국과 제 앞가림도 제대로 못하는 우리를 맞비교할 일은 아니다. 그래도 참고는 할 만하다.

우리도 대한민국 건국 100년인 2048년에 도달할 그럴듯한 꿈을 하나 가졌으면 좋겠다. 경제혁신 3개년 계획도 좋지만 2015년에는 미래 비전이나 혹시 닥쳐올지 모를 블랙 스완을 얘기하는 대통령을 보고 싶다.

중장기위원회가 앞으로 1년간 활동한 뒤 내년 말 최종 보고서를 발간한다니 지켜보자. 한국몽 정도 될 만한 선물을 줄 수 있으려나.

— 〈매일경제〉 2014년 12월 23일 자 '매경포럼'

한 해 전 〈매일경제〉 12월 23일 자에 썼던 칼럼에서 '한국몽韓國夢은 있느냐'고 물었다. 박근혜 대통령에게 그리고 이 땅의 다른 지도자들에게 던진 질문이었다. 남의 일인 양 팔짱만 끼고 있을지 모를 장삼이사張三李四들에게도 같이 고민해 보자는 제안이었다.

그땐 시진핑 중국 국가주석이 강조하던 두 개의 100년을 인용했다. 공산당 창당 100주년인 2021년에 실현하겠다는 전면적 소강사회가 하나였다. 중화인민공화국 수립 100주년인 2049년에 완성할 사회주의 현대화가 둘이었다. 합쳐 보면 중국의 위대한 부흥이다. 장대한 꿈을 구현해 내자는 목표다. 이른바 '중국몽中國夢'이다.

중국몽을 향한 시 주석의 행보는 활발했다. 육상과 해상 실크로드를 재현한다는 일대일로一帶一路는 세계에 충분히 각인됐다. 중국 주도의 아시아인프라투자은행AIIB이 올해 출범했다. 위안화가 국제통화기금IMF의 특별인출권인 SDR에 편입됐다. 달러, 유로, 엔, 파운드와 함께 국제적으로 통용되는 통화이자 준비자산으로 인정받았다.

대한민국의 2015년을 돌아보면 씁쓸하다. 아무리 안간힘을 써 봐야 메르스와 역사교과서 국정화 그리고 야당 분열밖에 안 떠오른다. 구멍 뚫린 방역체계와 의료시스템에 국민은 불안에 떨었고 정부는 허둥지둥 댔다. 하반기로 접어들자 대통령과 집권당은 올바른 역사를 주입시켜야 한다는 사명감밖에 없는 듯 보였다. 야당은 알량한 기득권에 취해 자기들끼리 다투다 사분오열 갈라졌다. 그들에게 중장기 비전을 요구하는 건 쇠귀에 경 읽기처럼 들린다. 남들은 미래를 향해 뛸 때 우리는 눈앞의 현안에 매달려 허덕이거나 아예 과거로 회귀했다.

미래 사회 변화에 대한 대한민국의 대처 방안을 짜내는 조직이 우리에게도 있다. 정부 쪽에는 기획재정부 미래경제전략국이다. 국회에는 의장 직속으로 미래전략자문위원회를 가동한다. 기재부는 전담국과 별도로 전문가를 끌어들인 자문기구 중장기전략위원회를 두고 있다. 최경환 경제부총리가 위원장을 맡고 민간 공동위원장으로 김인호 무역협회장을 앉혔다. 이명박정부 막판인 2012년 하반기에 출범했다. 처음엔 장기전략국으로 시작했고, 박근혜정부 들어 미래사회정책국으로 바꿨다. 사회부총리 출범 후엔 미래경제전략국으로 명칭을 달리 내걸었다. 문패만 열심히 바꾸면서 허송세월만 했다.

중장기전략위원회는 올해 활동 목표라며 열두 개 분야를 정책과제로 설정했다. 나열해 보면 이렇다. 저출산·고령사회 대응, 인구 고령화에 대응한 사회보장, 인구구조 변화와 노동시장, 인적자원 고도화, 정부 R&D 투자 효율성 제고, 미래 신성장동력 육성, 글로벌 교역 패턴과 메가FTA, 중국 경제의 기회와 위험 요인, 남북 관계 변화와 경협 확대, 온실가스 감축과 기후변화 대응, 에너지시장 효율성 제고, 정부 신뢰 확보 및 사회적 갈등 해소 등이다.

오늘 중장기전략위원회가 분야별 정책과제의 구체적 방안을 마련하기 위해 그동안 작업한 결과물을 내놓는다. 2012년 말 1차에 이어 3년 만에 나오는 2차 보고서인데 미래 변화를 얼마나 잘 분석했고 대응 방안은 어떻게 짰는지 궁금하다.

작년 말 칼럼에 썼던 똑같은 문구를 재인용해야겠다. 거듭 호소하지만 우리도 그럴듯한 꿈 '한국몽'을 하나 가졌으면 좋겠다. 임시정부 수립 100주년인 2019년이든, 광복 후 정부 수립 100주년인 2048년이든 변곡점을 맞아 도달할 목표를 가져 보자. 박정희 시절의 경제5개년계획 같은 건 시대에 안 맞는다. 이명박정부의 747 같은 숫자놀음이나 박근혜정부의 창조경제 같은 실체 없는 구호는 사양한다.

중장기전략위원회를 대통령 직속으로 격상하고 지금보다 한층 두터운 전문가들로 위원을 보강해야 한다. 각 부처의 유능한 실무자를 끌어모아 상근 사무국을 꾸려야 한다. 여기서 미래 변화를 분석하고 그에 대응할 전략과 이를 함축할 캐치프레이즈를 내놓기 바란다.

사족 하나만 붙이자면 2016년 세밑에는 같은 얘기를 반복하지 않게 만들어 주기를 기대한다.

— 〈매일경제〉 2015년 12월 17일 자 '매경포럼'

　　지난달 칼럼에서 오지랖 넓게 다른 주제를 다뤘다가 전화를 꽤나 받았다. 뉴타운을 들먹이며 내년 총선 결과를 감히 예측했기 때문이다. 정치 분석에 문외한인 부동산부장이 감히 나서느냐고 지인들은 놀려 댔다. 이번에도 부동산부장으로서의 업무를 뛰어넘는 주제를 다뤄야겠다고 마음먹었다. 부산저축은행 영업정지 전날 이뤄졌다는 예금 인출 사태를 보면서였다.

　　참기 어려운 분노를 느꼈다. 부산저축은행 쪽 사람들의 부도덕은 말할 것도 없지만 그들보다 금융감독원에 더 화가 났다. 감독기관은 뭐하고 있었나 싶었다. 이명박 대통령도 기자와 비슷한 느낌이 들었던 듯하다. 오죽했으면 예정에도 없이 금융감독원까지 찾아가 간부들을 호통쳤을까.

　　금감원 개편에 관한 한 확고한 의견을 갖고 있다. 반관반민이라는 어정쩡한 위상을 벗겨 내야 한다는 거다. 방법은 한 가지다. 금융위원회와 금융감독원을 합치는 거다. 우리같이 금융 후진국에서 정책 수립과 실무 집행을 떼 놓아서는 안 된다고 본다.

　　이명박 대통령 당선 후 정권인수위원회 때와 정부 출범 직후 양 기구 통합은 강도 높게 검토된 걸로 안다. 왜 유야무야됐는지 따져 보고 싶지 않지만 결과적으로는 허언만 되고 말았다. 이명박정부 출범 3년을 넘긴 지금 이 대통령과 참모들은 금감위와 금감원 통합을 어떻게 보는지 묻고 싶다. 3년 전에는 왜 통합을 내걸었는지 듣고 싶다. 지금은 대통령 곁에서 누가 이런 과제를 계속 챙기고 있는지 더 궁금하다.

대통령 비서실에서 중장기 국가 과제를 챙기겠다던 정책기획수석은 슬그머니 사라졌다. 대통령 직속으로 줄줄이 위원회를 만들어 놓았으나 무슨 일을 하는지 모르겠다. 미래기획위원회, 국가경쟁력강화위원회 등 이름은 그럴듯하지만 역할은 종잡을 수 없다.

곽승준 미래기획위원장은 느닷없이 연금을 활용한 대기업의 대주주 견제 필요성을 제기해 재계를 흔들어 놓았다. 대통령 직속 위원회를 이끄는 측근 실세가 얘기했는데 이걸 개인 의견이라고 청와대에서 선을 그었다. 유치한 코미디다. 한 걸음 더 나아가 양쪽 모두 무책임해 보인다.

기획재정부 장관까지 지냈다가 국책은행장으로 등급을 낮춰 내려간 대통령의 측근 실세가 위원장으로 있었던 국경위는 대체 무슨 일을 했는지 기억도 안 난다.

국민에게 이명박정부에서 하고 있는 국가 정책은 4대강과 보금자리주택밖에 없어 보인다. 초과이익공유제나 연금의 대기업 견제론은 즉흥적으로 내뱉은 견해로 비쳐진다. 정권 초기 내놓았던 메가뱅크론이나 금융위 금감원 통합 같은 사안도 일회성에 그치는 제안에 불과했구나 싶다. 시도해 봤다가 안 된다 싶으니 그냥 접어 버리고 만 꼴이다. 너무 가볍다는 인상을 피하기 어렵다.

문제는 이런 중장기 정책 과제를 진득하게 챙길 조직이 없다는 데 있다. 그런 점에서 한반도선진화재단을 이끄는 박세일 교수의 지론에 동의한다. 그는 오래전부터 국가 비전을 제시하고 전략 기획 기능을 수행할 상설 정부 조직을 두라고 촉구해 왔다. 정권의 성향에 따라 잠시 됐다가 사라질 임시 조직이 아니라 행정부 안에 상설 조직으로 두자는 것이다. 과거 개발연대 때의 경제기획원과 비슷할 수도 있지만 시대상황이 바뀌었으니 판박이로 가지 않을 수 있다. 전적으로 공감한다.

사회주의 체제에 민주주의와는 아직 거리가 먼 중국조차도 국가발전계획위원회를 진작부터 두고 있다. 벌써 12차까지 나온 '5개년 계획'을 여기서 관장한다. 국무원 산하 장관급 상설조직이다. 권력 핵심이 바뀌어도 유지된다.

레임덕을 걱정해야 할 정권 후반부에 새로운 부처를 만들자고 하면 안 먹힐 걸 잘 안다. 그렇다면 일단 대통령 직속 위원회를 전부 없애고 단일 조직 하나만 두기를 권한다. 여기에 중장기 국가 경영 전략 수립 과제를 주면 된다.

집권 전에 구상했던 중장기 과제나 인수위에서 제시한 의욕에 찼던 정책을 다시 정리하라고 주문하고 싶다. 퇴임 전에 그중 하나라도 실천하라고 권한다. 못 이룬 나머지는 다음 정권에 물려줘 기어이 해내도록 길을 닦으라고 요청한다.

— 〈매일경제〉 2011년 5월 11일 자 '매경데스크'

한 달에 한 번 쓰는 칼럼에 정치 얘기는 피해 왔다. 정치와 교육에 관한 한 대한민국 국민 누구나 전문가다. 백인백색이다. 공감을 끌어내기 어렵다. 그래서 다루지 않았다.

이번엔 민감한 주제 좀 건드려야겠다. 물러나겠다는 총리를 60일 만에 주저앉힌 초유의 인사 때문이다. 청와대 측은 더 이상 방치할 수 없어 고심 끝에 내린 결정이라고 했다. 청문회 과정에서 노출된 문제로 국정 공백과 국론 분열이 커진 상황이라고 설명했다.

박근혜 대통령은 어제 수석비서관회의에서도 "청문회에 가기도 전에 개인적 비판이나 가족문제가 거론되는 데엔 어느 누구도 감당하기 어려웠던 것 같고 높아진 검증 기준으로 후보를 찾기가 현실적으로 매우 어려웠다"고 말했다.

하지만 '수첩'에 적힌 인재를 넘어서 널리 구해보려 했어도 이렇게 결론 냈을까. 야당과 국민을 향한 '오기 인사'로도 읽힌다.

지난 4월 27일 정홍원 총리의 사의 표명은 국민 분노에 대한 고개 숙임이었다. 세월호 침몰 후 쏟아진 무능한 정부를 향한 질타에 대한 책임이었다. 대통령이 맞아야 할 매를 총리가 대신 맞은 셈이었다. '방탄 총리' 역할이었다. 이를 없던 일로 하면 어떻게 되나. 더 큰 후폭풍을 맞을 수 있음을 박 대통령과 정부 여당은 알아야 한다.

이번 결정은 국무총리제 무용론을 부채질했다. 낙마한 두 총리 후보의 인식은 상반됐다. 안대희 씨는 책임총리가 되겠다는 의지를 보였다. 문창극 씨는 책임총리에 냉소적인 반응을 보였다.

사실 우리 같은 강력한 권한의 대통령제에서 총리는 유명무실하다. 내각제에서의 총리와 유사하다고 주장한다면 억지다. 영어 명칭 prime minister 은 같지만 책임과 권한에서 근본적으로 다르다.

헌법을 꼼꼼하게 읽어보면 금세 드러난다. 제86조에 국무총리는 대통령을 보좌하며 행정에 관하여 대통령의 명을 받아 행정각부를 통할한다고 돼 있다. 행정각부를 통할한다고 하나 대통령의 명을 받는다는 전제하에서다. '대독 총리'라는 꼬리표를 떼어내기 힘들다. 국가 의전서열로도 대통령, 국회의장, 대법원장, 헌법재판소장에 이어 다섯 번째다. 이런 점에서 국회의장이나 헌재소장을 이미 역임한 분을 총리 후보로 거론한 것도 꼴불견이다.

현실 정치에서 총리에게 실질적으로 힘을 실어준 전례는 두 번 있었다. DJP 김대중+김종필 처럼 대선 때부터 러닝메이트로 힘을 합쳐 나서는 방식이다. 공동정권을 만든 셈이니 권력을 반분할 수 있었다. 다른 하나는 노무현 전 대통령이 시도한 책임총리다. 노 전 대통령은 이해찬 총리에게 인사와 내각 통할에 강한 권한을 주며 활용했다.

DJP방식이 앞으로 재현될지는 두고 볼 일이다. 노 전 대통령식의 책임총리는 누가 용감하게 원용할지 자신 없다.

이름뿐인 국무총리제보다는 부통령제를 도입하자는 의견이 힘을 얻는다. 새누리당 최고위원에 도전한 김태호 의원이 이를 거론했다. 이명박 대통령 때 40대 총리로 지명됐다가 청문회 후 낙마했던 당사자이니 절실함이 있다. 국민이 대통령과 함께 표를 줘서 뽑는 부통령은 임기도 보장되는 만큼 책임총리 역할을 할 수 있다는 논리다.

미국식을 택하면 부통령은 대통령 유고 시 남은 임기 동안 대통령직을 이어받는다. 미국 역사엔 아홉 명이 승계했다. 우리의 국무총리는 60일 이내 후임 대통령 선거까지 대행 역할밖에 하지 못하니 큰 차이다.

문제는 개헌이다. 부통령제를 도입하려면 헌법을 뜯어고쳐야 가능하다. 2012년 대선 때 문재인 민주당 후보도 대통령 임기를 4년으로 하고 중임을 허용하면서 동시에 부통령제를 도입하자는 공약을 제시했다. 국무총리 무용론 때문에 부통령제를 도입하자고 개헌을 꺼내면 국민의 동의를 모으기 힘들 거다.

5년 단임의 폐해나 대통령에 집중된 권력구조를 고쳐보자는 대의명분을 내걸어야 한다. 먼저 개헌의 필요성에 관심을 높여야 한다. 그런 뒤 부통령제 도입을 갖다 붙이면 도랑 치고 가재도 잡을 수 있다.

— 〈매일경제〉 2014년 7월 1일 자 '매경포럼'

대통령 출마를 원하는 이들의 개헌론은 생각보다 뜨겁지 않다. 시늉만 내는가 싶기도 하다. 제왕적 대통령제를 버리고 분권형 대통령제로 가자고 한다. 의원내각제나 정부통령 4년 중임제 등으로 권력구조를 바꾸잔다. 집권하면 1년 내에 국민투표에 부치겠다는 적극적인 이도 있지만, 국력을 소모하고 정쟁을 격화시킨다며 반대한다는 쪽도 있다. 대통령 5년 단임제 하나만 바꾸는 '원 포인트 개헌'을 제기하는 현실론자도 있다.

이렇게 백가쟁명百家爭鳴에 가까우니 전면 개정은 현실적으로 어려울 거다. 경제민주화를 담은 119조 2항 하나만 놓고도 팽팽한 논쟁에 밤을 지새울 게 뻔하다.

미국은 헌법 개정 제안과 통과를 상하 양원에서 각각 재적의원 3분의 2 이상 찬성을 얻으면 가능토록 하고 있다. 비준은 50개 주 가운데 4분의 3 이상의 찬성을 얻어야 한다. 까다롭지만 언제나 가능토록 열어둔 덕분에 1787년 연방헌법이 발효된 뒤로 총 열여덟 차례 개헌을 했다. 손댄 조항은 27개다. 삭제나 개정도 있지만 추가된 규정이 많다.

1968년엔 베트남전쟁에 18세의 젊은이들 상당수가 참전하자 대선에서 선거연령을 기존 21세에서 18세로 낮추자는 주장이 제기됐다. 상하 양원의 압도적 지지로 통과됐다. 2006년에는 동성 간에도 가족 형성을 인정하자는 조항을 상원에 올렸지만 찬성 48, 반대 52

로 부결됐다.

우리의 헌법을 조목조목 보면 조항별로 상충되거나 심지어 위헌 소지를 안고 있는 대목이 있다. 헌법 67조 2항에는 대통령선거에서 최고득표자가 2인 이상일 때 국회 과반수 출석 회의에서 다수표를 얻은 자를 당선자로 한다고 돼 있다. 하지만 65조 2항 대통령 탄핵소추에는 국회 재적의원 과반수 발의와 재적의원 3분의 2 이상 찬성 규정을 두고 있으니 엇박자다. 헌법 33조 2항 공무원인 근로자는 노동3권을 제한한다는 조항도 논란거리다. 꼭 필요하다면 독일처럼 하위직에는 노동3권을 보장하고 상위직만 제한하는 게 낫다는 주장이 있다.

하나하나 살펴 바람직한 방향으로 고칠 수 있게 논의의 장을 열어두는 게 먼저 필요하다. 그리고 합의되면 수시로 개정할 수 있도록 해야 한다.

문제는 국회가 독점적인 권한을 내놓으려 할 리 없다는 데 있다. 개헌특위라고 만들어봐야 자문기구 정도로 활용하고 말 거다. 이런 기득권의 틀을 깨는 방안으로 헌법학자 김상겸 동국대 교수는 '헌법의회'를 도입하자고 주장한다.

미국에서는 연방의회와 별도로 헌법의회 convention 라는 기구를 통해 개헌을 제안할 수 있도록 길을 열어뒀다. 물론 18차례의 개헌에 단 한 번도 헌법의회가 활용된 적은 없다. 헌법 제정 때 12개 주에서 파견된 40명의 위원들로 구성돼 헌법의 토대를 닦았던 기구의 전통을 살려보자는 취지다.

국회에 개헌을 맡겨놓으면 뻔할 테니 우리도 별도의 상설기구인 헌법의회를 가동하자는 얘기다. 국민적 합의를 끌어내 힘을 실으면 국회에 준 권한을 옮겨올 수 있다. 정부, 국회, 지방의회, 시민단체, 학계, 언론계 등에 걸쳐 대표들을 구성토록 한다. 선출직은 아니지만 정당성과 권위를 부여하고 국민들이 존중해야 한다. 3분의 2 찬성 규정을 정해 의결을 거치면 헌법이 수시로 개정될 수 있도록 한다.

헌법은 한 국가의 구성에 관한 기본 규정이다. 우리 역사에는 아홉 번의 개헌이 있었다. 1987년 자리 잡은 현행 헌법에서는 국회 재적의원 3분의 2 찬성을 거쳐 다시 국민투표에 부치도록 절차를 까다롭게 해놓았다. 하지만 헌법에는 권력구조 외에도 담아야 할 게 많다. 무엇보다 시대정신과 상황변화를 반영해야 한다. 복지나 사회통합에 대한 국민적 요구가 달라졌고 남북관계도 변했다. 법리상 논란의 소지가 있는 조항은 정비해야 한다.

국가 경영은 법치에 근거하는 게 가장 합리적이다. 법치는 제대로 만들어진 헌법에서부터 출발한다. 불합리한 헌법이라면 시급하게 뜯어고쳐야 한다.

— 〈매일경제〉 2012년 8월 7일 자 '매경포럼'

정책, 관료, 규제

．
．
．

📚 얼마나 느는지 따져 봤나요?

기획재정부 사무관들도 시뮬레이션 해보곤 늘어난 세금에 분통을 터뜨렸다는 얘기에 실소를 금할 수 없었다. 세제실 전문가 몇몇만 해독 가능한 난수표식 연말정산 개편이었음을 확인시킨다.

책임 소재를 따져보자. 정점에는 박근혜 대통령이 있다. 선거 때 무상복지는 잔뜩 늘려놓고 증세는 없다고 고집을 피우니 밑에서 꼼수를 동원한다.

바닥에는 국민이 있다. 증세는 싫다면서 복지 혜택은 더 원한다. 이런 이율배반이 이중구조를 고착시켰다.

대통령과 국민 사이에는 세부 정책을 마련한 공무원과 제대로 심의하지 않고 법을 덥석 바꿔준 국회의원들이 끼어 있다.

2013년 세법 개정 지휘 라인은 현오석 부총리, 이석준 제2차관, 김낙회 세제실장이었다. 청와대에는 조원동 경제수석, 주형환 경제금융비서관이 있었다.

꼼수에 관한 한 경제관료를 이길 자가 없다. 관료는 어떤 정책이든 되는 이유 열 가지와 안 되는 이유 열 가지를 양쪽 주머니에 동시에 넣고 다닌다고 했다.

연말정산 각종 공제와 예외 조항이 200개나 되는 복잡한 세법을 만들어놓고 그것도 모자라 매년 뜯어고치는 게 이들이다. 제도 변경은 소득공제를 세액공제로 전환한 게 출발이었다. MB정부 때부터 이런 방식의 필요성을 제기했고 준비도 해왔다. 사달은 다자녀소득공제, 출산소득공제, 연금공제 등을 혜택 대상에서 빼버린 데서 나왔다. 한쪽에선 저출산과 고령화 대책에 골몰하는데 다자녀가구에서 되레 세금을 더 걷는 규정을 만들었으니 이런 엇박자가 어디 있나. 그런데도 월급쟁이에게서 1조 원가량을 더 걷는다. 처음엔 연봉 3,450만 원 이상 근로소득자를 기준으로 삼았다. 반발에 부닥치자 연봉 5,500만 원으로 기준을 올렸고 그 아래 구간의 세금 부담은 늘지 않는다고 공언했다. 이번 5월에 재정산 후 소급 환급한다지만 그때 돌려준 돈이 몇 푼 되지 않으면 다시 비난이 쏟아질 수 있다.

개편 전엔 환급받는 이와 세금 더 내는 이가 60대 40 정도라면, 개편 후엔 55대 45라는데 더 내게 됐다는 불평이 많다. 꼼수 관료보다 이런 법안을 통과시켜준 국회의원들에게 더 큰 책임이 있다. 2013년 말 본회의에서 그들은 찬성 245대 반대 6이라는 압도적 지지로 처리해줬다. 그해 여름 처음엔 서민과 중산층에 세금 폭탄이라며 야당은 물론 여당도 제동을 걸었다. 기준을 5,500만 원으로 올린 뒤에 문제를 다 해결했다는 듯이 무뎌졌다. 월급쟁이들을 이렇게 흔들어놓을 민생법안인데 예산부수법안에 집어넣어 일괄처리 했다. 소관 상임위인 기재위 조세소위에서 봐야 할 세법 관련 법안은 산더미였다. 그해 마지막 날에만 심사할 안건은 182건이었다. 이걸 어찌 다 꼼꼼히 보나. 그러지 않아도 세법은 의원들의 민원 해결 창구로 활용된다. 조세제한특례법이 대표적이다. 소득세법, 부가세법, 법인세법 등을 합쳐 세법개정안 가결률은 다른 법안보다 훨씬 높다. 민원성 개정이 많은 데다 복잡하고 어려우니 의원들끼리 대충 눈감고 넘어간다. 관련 입법이 부실과 누더기로 갈 수밖에 없는 구조다.

경제관료와 국회의원들 중 세법 통과 후 각자 소득세를 얼마나 더 내게 되는지 궁금해한 이가 한 사람이라도 있었을까. 세금이 얼마 나오든 생활에 지장 없는 분들이라 관심을 가질 리 없었던 것은 아니었는지. 연말정산 후 환급되는 13월의 월급으로 적자를 메우는 서민들의 애환을 모를 테니 이렇게 거위털을 아프게 뽑으면서 정작 무슨 짓을 하고 있는지도 모르는 슬픈 현실이다.

불난 데 부채질하듯 연이어 터진 건강보험료 개편작업 중단 사태도 어처구니없다. 건보료 개편은 연말정산 파동과는 다른 사안이었다. 월급 외의 금융소득 등으로 무임승차를 하고 있던 1퍼센트의 고소득자들에게 부담을 지우는 건데 그들의 반발이 무서워 접었다.

그런데 청와대나 여당, 정부 모두 발뺌하기에 바쁘다. 여론 반대에 부닥치면 맥없이 수정하고 백지화해버리는 소신 없는 이런 정부를 어떻게 믿어야 할꼬.

— 〈매일경제〉 2015년 2월 3일 자 '매경포럼'

📚 한국판 '행크·벤·팀' 어디 있나

9·11보다 더 심각한 사건이 9·15다. 〈파이낸셜타임스〉의 칼럼니스트 기디온 래치먼 Gideon Rachman 이 그렇게 주장했다. 9·11은 2001년 알카에다에 의한 미국 월드트레이드센터 테러다. 9·15는 2008년 리먼브라더스 파산이다.

월가에서 벌어진 '그들만의 일'이니 와 닿지 않을지 모른다. 하지만 세세하게 따져보면 9·15의 여파는 아직도 곳곳에서 이어지고 있다.

2008년 몰아친 초대형 쓰나미는 참혹한 상처를 남겼다. 다섯 개 투자은행 가운데 세 개 베어스턴스, 리먼브라더스, 메릴린치가 사라졌다. 살아남은 두 개 모건스탠리, 골드만삭스는 업태를 바꿔야 했다. 최대 보험회사 AIG는 국유화됐다.

미국 중앙은행은 기준금리를 제로까지 내리고 헬리콥터에서 달러를 살포하듯 유동성을 풀었다. 미국 재무부는 도쿄, 서울, 상하이, 홍콩의 동아시아 금융시장 동요부터 막기 위해 매주 일요일 오후 시장안정대책을 내놓았다. 그즈음 워싱턴DC에서 특파원으로 일할 때

촉각을 곤두세웠던 기억이 역력하다.

'행크·벤·팀' 삼총사가 총대를 멨다. 헨리 폴슨Henry Paulson, 행크 재무장관, 벤 버냉키Ben Bernanke, 벤 연방준비제도이사회FRB 의장, 티모시 가이트너Timothy Geithner, 팀 뉴욕연방준비은행 총재다. 민주당으로 정권이 바뀌면서 팀이 행크 자리를 이어받았다. 막후 조력자가 하나 더 있었다. 제이미 다이먼Jamie Dimon JP모건 회장이다. 미국 중앙은행 설립의 밑그림을 그린 1910년 '지킬섬의 음모' 때도 JP모건의 실력자 헨리 데이비슨이 함께했던 것처럼 미국 금융 역사의 변곡점에 JP모건은 빠지지 않았다.

9·15 이후 대마불사too big to fail 신화는 무참히 깨졌다. 대마구제불능too big to save이 더 맞는다는 걸 보여줬다. 부실덩어리 공룡 금융사와 기업에 혈세를 투입하고 공권력이 개입해 떠안아서는 안 됐다.

2008년 금융위기 후 한국경제도 잔뜩 움츠러들었다. 그렇지만 별 희생양 없이 넘어가는 듯했다. 1997년 외환위기 때 한보, 삼미, 기아차, 대우로 이어지는 부도 행진과는 달랐다.

이명박정부 후반과 박근혜정부 첫해 소문만 무성했을 뿐 아무 일 없었다. 그런데 이제야 곳곳에서 폭탄이 터지고 있다. 정책자금으로 기업 부실을 메워 버텨오다 한계에 도달했다. STX그룹이 손을 들었고, 동부는 아직도 살얼음판 위를 걷는다. 조 단위 정책자금을 대출받아간 제조업체가 여럿 더 생사의 기로에 있다.

따져보면 시간문제였다. 부실덩어리를 도려낼 생각은 하지 않고 정책금융기관에서 껴안고 일단 덮고 넘어가는 건 해결책이 될 수 없었다. 내 임기 중에 터지지 않게 덮어놓고 미뤄두면 문제가 사라지는 건가. 곪은 종기를 도려내지 않으면 잘라내야 하는 부위가 커지는 건 피할 수 없는 자연의 생리다. 경제도 마찬가지다.

최경환 경제부총리, 이주열 한국은행 총재, 신제윤 금융위원장에게 공이 넘어갔다. 홍기택 산업은행장과 이덕훈 수출입은행장의 역할이 더 중요하다. 잘라낼 건 정리하고 팔아치울 건 빨리 시장에 내놓아야 한다.

지난주 달러당 엔화값이 6년 만에 최저치로 떨어졌다. 각국 경제 정책이 부딪친 통화전쟁의 결과다. 미국 연준은 10월에 양적 완화를 종료하고 금리 인상 시기를 앞당길 태세다. 유럽중앙은행은 기준금리를 0.05퍼센트로 내렸다. 추가 부양 조치로 제 살기에 바쁘다. 일본은행도 다음 달 추가 양적 완화를 단행할 것이라는 전망이다.

달러 강세와 엔화 약세는 필연적이다. 2008년 말 수준으로 돌아간 엔화 환율 하나만으로도 그때의 데자뷔를 떠올린다. 각국이 제각각 위기를 어떻게 수습했고 성공했는지 판단하긴 아직 이르다. 확실한 건 2008년 이후의 위기가 아직도 진행형이라는 점이다.

우리에게도 총대를 메고 앞장서는 삼총사가 필요하다. 한국판 '행크·벤·팀'은 지금 어디에 있나.

— 〈매일경제〉 2014년 9월 16일 자 '매경포럼'

　과학기술부와 정보통신부를 부활시킨다고 한다. 해양부도 다시 만들고 중소기업부 신설을 말한다. 대선후보마다 중구난방이다. 그렇지만 뚜렷한 원칙은 아직 안 보인다.

　노무현정부와 이명박정부는 극명하게 엇갈렸다. 참여정부는 역대 가장 비대한 조직을 운영했다. 5년간 9만여 명의 공무원을 늘렸다. 정부 산하 위원회만 416개에 달했다. 일만 잘하면 커도 상관없다는 철학이었다. MB정부는 정반대 방향을 외쳤다. 출범 초기 대부처 대국 원칙을 내세웠다. 말로는 작은 정부론이었으나 과기부 대신 국가과학기술위원회를 만들었고 정보통신부에서 하던 일을 방송통신위원회에 맡겼다.

　이번 대선에서 누가 집권하든 정부조직을 또 뜯어고칠 때 몇 가지는 감안하라고 조언하려 한다.

　첫째, 본질을 따져보지 않은 채 이질적인 업무를 합치는 건 금물이다. 정부 정책의 두 얼굴인 규제와 진흥이 한 부처에서 동시에 다뤄지는 엇박자는 피해야 한다. 과거 정보통신부는 IT산업 진흥을 맡았고 전파 배분 등 규제는 방송위원회 몫이었다. MB정부의 방통위는 규제와 진흥을 다 담당하려다 실패했다. 정보통신기술ICT 분야를 담당할 독임부처를 만들더라도 집행부처와 의결기구는 따로 둬야 한다.

　에너지 분야에서도 유사한 소지가 있다. 에너지 생산기업 육성은 진흥이지만 환경보호 측면의 규제가 함께 다뤄져야 한다. 일부 선진국에서 환경부와 에너지부를 합치는데 아직 에너지를 인프라로 더 구축해야 하는 우리로서는 선뜻 따라 할 일이 아니다. 해양수산부처럼 외형상의 공통점만 보고 하나에 담는 것도 안 된다. 해양은 물류와 서비스 측면에서, 수산은 1차산업 육성 관점에서 접근해야 한다. 바다라는 장소의 공통성만 있을 뿐 전혀 이질적인 분야이기 때문이다.

둘째, 이젠 국가의 장기 비전을 다룰 상설 부처가 필요한 시점임을 인정해야 한다. 과거 개발연대에서의 경제계획과는 다르다. 미래의 국정어젠다를 상시적으로 맡겨야 한다. 현재 기획재정부의 기획과 예산 업무에 장기 비전 파트를 얹는 조직이 될 수 있다. 이렇게 기획과 예산을 떼 가면 재정과 금융은 다시 합치는 게 맞다. 요즘엔 금융정책의 중요성은 줄어들고 리스크 부담만 커진다. 오히려 감독 기능이 더 부각된다. 지난 외환위기 후 출범시켰던 금융감독위원회와 감독이라는 두 글자가 빠진 현재 금융위원회의 차이를 정부조직을 뜯어고치려는 이들이 아는지 궁금하다. 국제 금융은 재정부에서, 국내 금융은 금융위가 나눠 맡는 지금의 구도도 꼴불견이다.

셋째, 당선자가 나오면 인수위원회 완장을 차고 무소불위의 권한을 휘두를 텐데 즉흥적인 결정은 금물이다. MB정부 인수위는 산업담당 부처에 지식경제부라는 엉뚱한 이름을 붙였는가 하면 방통위를 대통령 직속으로 두겠다며 노조 핑계를 대고 우정사업본부를 업무와 무관한 부처에 떠넘겨 버렸다. 이런 식의 우를 반복해선 안 된다.

정부조직은 결국 관료제다. 관료제 bureaucracy 라는 용어를 1745년 처음 만든 프랑스 경제학자 장 구르네 Jean Gournay 는 요즘의 정부조직을 미리 예견한 듯하다. 사무용 책상을 뜻하는 뷰로 bureau 와 통치를 뜻하는 크라티아 cratia 를 합쳤으니 참 예리하다. 우리에겐 관료제 하면 독일의 사회학자 막스 베버 Max Weber 가 익숙하다. 그는 '합법적 권위가 반영된 조직'이 관료제라고 했는데 무슨 뜻인지 잘 와 닿지 않는다. 차라리 영국의 정치학자 해럴드 래스키 Harold Joseph Laski 처럼 '특권적 정치권력 집단'으로 보는 게 더 현실적이다. 공무원들에게는 새 정부가 들어서서 장차관 자리 몇 개가 늘어나는지 줄어드는지가 더 큰 관심거리일 것이다. 갖고 있는 권한을 얼마나 빼앗기는지에 목을 맬 것이다.

국민들의 입장에서는 전혀 다르다. 정부조직을 뜯어고쳐 대민 서비스를 얼마나 개선했느냐가 중요한데 이건 나중에 지나 봐야 알 수 있으니 딱한 노릇이다. 정부조직 손대 봐야 국민들만 더 피곤해진다면 안 하는 게 더 낫다.

— 〈매일경제〉 2012년 10월 9일 자 '매경포럼'

세종시 공사판을 보는 순간 가슴이 답답했다. 그동안 뭐하고 시간을 낭비했을까. 기왕 추진될 일이라면 허송세월했구나 싶었다. 서둘렀어야 했다는 아쉬움이 들었다.

중앙행정기관 청사 용지에는 국무총리실로 쓸 건물이 지어지고 있다. 내년 4월 완공 목표다. 청사 건물 외에는 아무것도 없다. 상가든 일반주택이든 찾아보기 힘들다. 총리공관이 들어갈 땅엔 잡초만 무성하게 자라고 있다. 내년에 하나둘씩 이전한 뒤 정부 부처 공무원들은 이런 허허벌판에서 어떻게 지낼까 싶었다.

2012년 4월에 1단계로 국무총리실이 내려간다. 2단계로 12월까지 기획재정부, 국토해양부 등 10개 기관이 더 간다. 2014년까지 모두 36개 기관, 1만 452명의 공무원이 가야 한다. 16개 국책연구기관과 종사자 3,353명도 2013년까지 이전한다. 일할 사무실과 살아야 할 집, 먹고 마실 상가가 제대로 마련되지 않았는데 누가 가고 싶어 하겠나. 미혼 공무원들이 세종시로 내려가지 않는 부처로 옮기려고 발버둥을 친다는 게 이해가 갔다.

청사 바로 앞에 호수가 만들어진다. 벼 심던 논터를 물로 채운다니 믿기지 않지만 계획은 그렇게 돼 있다. 그런 중장기 계획이 되레 더 황당하게 느껴진다. LH에서 공급하는 공공아파트인 첫마을 1단계에는 두 달 후면 입주를 시작한다. 바로 앞에 금강을 품고 있어 좋은 위치다. 그래 봐야 그림의 떡이다. 입주가 시작돼도 당분간 그 집에 들어가 살 사람을 찾기 어려워서다.

공무원들은 내년 하반기부터나 본격적으로 거기서 일할 예정이 니 세입자를 구하려고 출혈 경쟁을 할 게 뻔하다. 세종시 첫마을 아 파트 전세금이 인근 대전 노은지구에 비해 3분의 2 정도밖에 안 된 다는 얘기가 벌써 나돈다.

황량한 세종시를 보면서 대한민국의 정치력 부재를 절감했다.

결과론으로 얘기하는 거지만 결국 이렇게 갈 일이었다면 공사 중 단이 너무 안타까웠다. 세월을 다시 뒤로 끌고 가고 싶었다. 이명박 정부 출범부터 세종시 수정안이 부결된 2010년 6월 사이에 정부청 사를 짓고 아파트를 세웠다면 도시로서의 모양을 이미 갖췄을 거라 는 아쉬움이 많다.

이명박 대통령이 세종시 원안에 진정 심각한 문제를 느꼈다면 온 갖 수단을 동원해서라도 뒤집었어야 했다. 세종시로 중앙부처 행정 기관을 대거 내려보내는 게 사회적 경제적 문제를 야기한다고 판단 했으면 기필코 막았어야 했다. 국민들에게 무릎을 꿇고 울면서라도 호소하고 설득했어야 했다.

수정안 추진도 어정쩡했다. 지금 생각해보면 그렇다. 갓 새로 임 명된 국무총리가 총대를 메고 나설 일이 아니었다. 국운이 걸리고, 후세에게 짐을 지우지 않아야 하는 일이었으면 대통령이 더 전면에 나섰어야 한다. 국민투표에 부쳐서라도 국민의 의사를 물어 백지화 를 끌어냈어야 했다.

일정대로라면 세종시는 2005년 5월부터 2030년까지 25년간 조성된다. 사업비만 23조 6,000억 원이다. LH 15조 1,000억 원, 정부 8조 5,000억 원씩이다.

정부는 행정복합도시건설청에서 쓸 내년 예산으로 8,000억 원을 요청해놓고 있다. LH는 작년까지 세종시에 5조 9,000억 원을, 올해엔 1조 4,000억 원을 각각 집행했다. 내년엔 올해보다 줄어든 1조 1,000억 원 정도를 책정했다.

이 대통령은 지난 2년간 4대강 살리기 사업에 23조여 원을 집중적으로 쏟아부어 마무리 지어냈다. 국토해양부 등 관련 부처 관계자들이 밤을 새워 해냈다. 대통령의 관심과 의지가 강했으니 가능했다.

세종시 조성 사업도 4대강 공사처럼 밀어붙이기를 권한다. 이젠 아무리 발버둥 쳐도 돌이킬 수 없는, 정해진 일이니까 하는 얘기다. '처삼촌 묘 벌초하듯' 하는 둥 마는 둥 해서는 안 된다.

세종시로의 행정기관 이전이 제대로 진행되지 않으면 앞으로 정부 정책에 대한 국민들의 신뢰는 땅에 떨어질 거다. 어느 정권에서 결정된 일인지는 더 이상 중요하지 않다. 이 대통령의 임기 안에 세종시 조성 사업을 밤새워 밀어붙이라고 주문한다. 그게 정부에 대한 신뢰, 정책에 대한 믿음을 유지하는 길이다.

— 〈매일경제〉 2011년 11월 2일 자 '매경데스크'

이미 부산해졌다. 관가 얘기다. 과천과 광화문을 가리지 않고 뒤숭숭하다. 공무원들의 선호 영순위였던 기획재정부를 떠나려는 젊은 사무관들이 줄을 잇는다. 대신 금융위원회행을 원한다. 산하에 금융회사를 대거 거느려 퇴임 후 갈 곳이 많아서가 아니다. 당장 지방으로 가기 싫어서다. 기획재정부는 세종시로 가야 하지만 금융위원회는 서울에 남기 때문이다.

신설할 국가과학기술위원회에 가겠다며 서로 손을 든다. 교육과학기술부와 연관 부처 소속 공무원들이다. 국과위는 세종시와는 무관하게 서울에 사무실을 둔다는 이유에서다.

가족이 있는 나이 든 고참보다는 미혼의 젊은 사무관일수록 세종시행을 꺼린다. 중매 시장에서 약점이 된다는 점 때문이란다. 세종시에 일터를 두고 있으면 배우자 후보 만날 기회를 얻기 힘들 거라는 우려다. 좋은 신랑신부 후보는 서울에 몰려 있다는 생각에서다.

세종시 수정안이 부결된 뒤 이전해야 할 대상 정부 부처와 산하 기관 사람들은 이렇게 노심초사하고 있다. 설마 했는데 이젠 피할 수 없게 됐다고 망연자실한다.

세종시로의 이전 계획에 의하면 2012년부터 2014년까지 총 36개 부처와 산하 기관 1만여 공무원들이 단계적으로 옮겨야 한다. 혁신도시 계획에 따라서도 124개 공기업이나 공공기관들이 각각 10개 지방 도시로 가야 한다.

그러나 기본 원칙만 세워져 있을 뿐 구체적으로 들여다보면 풀어야 할 일이 난마처럼 얽혀 있다.

경기도 분당에 사옥을 두 개나 갖고 있는 LH는 갈 곳을 최종적으로 정하지 못했다. 당초 토지공사는 전주, 주택공사는 진주로 가기로 했는데 두 기관을 합치면서 붕 떠버렸다. 전주와 진주의 자치단체와 주민들은 서로 자기 쪽으로 통합기관이 와야 한다며 한 치의 양보도 않는다. 분당의 사옥을 팔아 새로 갈 지역에 사무실을 마련해야 하는데 쉽지 않다. 수십 층짜리 사옥 하나에 4,000억~5,000억 원을 호가하니 이걸 사줄 쪽이 만만치 않다.

나주로 가야 할 한국전력도 비슷하다. 강남 삼성동의 금싸라기 땅을 팔아 조달한 돈으로 새 지역에 사옥 짓고 이전하면 된다지만 쉽지 않다. 삼성동 땅은 코엑스를 마주하고 있다는 입지 덕분에 3.3㎡당 1억 원까지 호가한다니 기업이든 개인이든 누가 감히 이 땅을 사겠다고 나설지 의문이다.

세종시, 혁신도시 아니어도 공공기관의 지방이전 계획은 더 있다. 국방부 산하인 국방대학은 2015년까지 논산으로 가야 한다. 국방대학 측은 논산으로 갈 경우 주요 부처 공무원을 대상으로 진행 중인 1년짜리 연수 프로그램이나 석박사 과정을 어떻게 운영하느냐고 볼멘소리다. 정부 부처 사람들이 당일치기로 논산에 있는 국방대학에 다니는 건 사실상 불가능하다는 주장이다.

국방부는 서울에 놓고 각군 참모본부는 계룡대에서 운영하고 국방대학은 논산으로 간다면 기관별로 분산은 제대로 했는지 몰라도 업무 효율성에서는 그런 평가가 결코 가능하지 않을 듯 싶다.

수도권으로의 집중을 막고 국토를 균형 있게 발전시키자는 지방 이전은 좋은 취지에도 불구하고 세부 실행 계획의 미비로 이렇게 뒤죽박죽 상황이다.

백지화할 수는 없는 일이다. 이전할 지역 땅값은 이미 움직였고 이해관계에 얽혀 있는 이들이 너무 많다.

어떻게 해야 하나. 솔직히 답이 안 나온다. 청와대든 부처든 답답할 거다. 그렇다고 뒤로 미뤄놓고 눈치만 볼 수도 없다. 정권이 바뀌면 이전 계획이 백지화되겠지라고 기대하는 이들이 있을지도 모르겠다.

분명히 하자. 포기할 거면 욕을 먹더라도 빨리 덜어내든가, 계획대로 실행할 거면 보완해야 한다. 전임 정권에서 벌인 일이라도 정부 정책 신뢰를 위해서는 변동 없이 진행된다는 점을 천명해야 한다. 세부 지침을 정비해야 한다. 빈틈이 있으면 빨리 채워야 한다.

나중에 국민들은 특정 정권에서 결정한 일이라고 기억하지 않을 거다. 정부가 결정한 일로만 간주할 거다. 정권과 정부를 굳이 구분하지 않을 거다. 정부가 하는 일은 예측 가능해야 한다. 눈앞에 훤히 보여야 한다.

— 〈매일경제〉 2011년 3월 2일 자 '매경데스크'

한나라당 박근혜 의원이 한마디 했다. 두 주일 전쯤 열렸던 기획 재정부 국정감사 때다. 기획재정위로 옮겨온 뒤 꺼낸 첫 주제였다. 그는 "지난 5년 동안 2,272개 항목의 세제가 바뀌었다"고 했다. 이어 "이렇게 개편 항목이 많으면 어떤 국민이 세제에 대해 신뢰하겠느 냐"고 질타했다.

박 의원 얘기를 듣고 챙겨보니 정말 해마다 400개를 넘겼다. 최 근 2년 동안엔 각각 500개에 육박했다. 2005년 411개, 2006년 439개, 2007년 440개, 2008년 492개, 2009년 490개. 본문 외에 시행령, 시행 규칙까지 포함한 통계지만 놀라웠다. 기획재정부가 '간추린 개정세 법'에서 제시한 수치니 틀림없다.

윤증현 기획재정부 장관도 인정했다. 윤 장관은 "전적으로 공감 한다"며 "저도 정신을 못 차릴 정도인데 국민들은 더할 것"이라고 말했다.

세제개편은 반드시 해야 하는 연례행사처럼 '아무 저항 없이' 되 풀이되고 있다. 원인은 여러 가지다. 먼저 정부와 정치권이 손잡은 포퓰리즘 때문이다. 대표적으로 비과세와 감면 남발이다. 세금 깎아 주고 표 얻으려는 정치권의 요구에 나라살림 맡은 곳간지기들이 굴 복한 결과다. 연도별 비과세나 감면 정비 현황을 보면 쉽게 읽혀진 다. 2007년 18건, 2008년 35건이었다가 2009년엔 84건으로 급증했 다. 시한 종료로 올해에만 폐지돼야 할 비과세, 감면 제도가 50개나

된다. 제한적 일시적 조치라고 하지만 매년 연장됐다. 그렇게 20여 년을 끌고 온 제도도 있다.

대통령은 서민 지원을 얘기할 때마다 세제에서 뭔가 내놓으라고 주문한다. 이를 되풀이하는 한 누더기는 계속된다. 일관성을 유지하기란 도통 어렵다.

누더기처럼 변해버린 세제개편의 부작용은 적지 않다. 워낙 자주 바꾸다 보니 세수 추계가 주먹구구식으로 될 수 있다. 조세법률주의를 위반할 소지도 낳는다. 기획재정부는 통상 8월에 세제개편안을 발표한다. 전문가들은 국회에서 밀고 당기기를 거쳐 확정되는 걸 알지만 일반인들은 정부 발표를 당장의 제도 변화로 간주한다. 부동산 세제의 경우 정부안을 확정된 걸로 알고 거래해 피해를 볼 수도 있다. 간혹 생기지만 세제 지원책 시행일을 소급할 경우 입법권 침해로 이어진다.

비과세와 감면을 남발하니 세수가 줄어 재정건전성을 훼손한다. 박근혜 의원은 "세제가 너무 자주 바뀌면 개편에 따른 효과를 제대로 평가하기가 어렵지 않느냐"고 지적했다. 맞는 말이다.

개편안을 일방적으로 발표해놓고 외부의 의견을 반영할 기회를 주지 않는 건 정부의 오만으로도 비쳐진다. 세제발전심의위원회라는 자문기구가 있지만 제대로 가동되는지 의문이다. 위원들이 내용을 꼼꼼히 살펴보고 비판적인 의견을 내기가 물리적으로 어렵다는 얘기도 들린다.

잦은 세제개편을 개선할 방안을 찾아야 한다. 재정부 장관이 대통령과 정치권을 설득해 조세 감면과 비과세를 더 이상 남발하지 않겠다고 선언한 뒤 실천해야 한다. 세제를 자주 바꾸지 않고 한번 도입하면 길게 끌고 가는 다른 나라의 좋은 사례를 인용해보는 것도 방법이다. 예를 들어 소득세율의 경우 경제성장률, 물가상승률 등을 고려해 최고구간을 자동 조정토록 해놓음으로써 잦은 세제개편을 피하는 나라도 있다는 걸 전문가들이나 세제실 관계자들은 다 안다.

이런 제도가 바람직한지는 물론 논란이 있겠지만 잦은 세제개편을 제도적으로 피할 방법 중 하나다. 결론적으로 매년 누더기처럼 세제를 바꿔놓고 누가 행복해졌는지 따져보자.

국민들에게 세금 부담을 줄여줬나. 나라 곳간을 잘 채워 재정을 튼튼하게 만들어 놓았나. 세제실 공무원들이 일 많이 했다고 칭찬을 받았나. 이도 저도 못 이뤘다면 매년 되풀이하는 연례행사는 이제 그만해야 한다.

— 〈매일경제〉 2010년 10월 22일 자 '데스크칼럼'

나라마다 과세 당국이 바쁘다. 경제위기를 극복하겠다며 재정에서 돈을 빼내 쏟아부어 놓고 이젠 구멍 난 살림을 벌충하기 위해서다. 벤 버냉키 미국 연방준비제도이사회 의장 말처럼 '헬리콥터에서 돈 뿌리기'를 했을 지경이니 나라마다 곳간이 얼마나 축났을까.

그만큼 혈안이 돼 세금 거둬들일 방법을 찾고 있다. 가장 쉬운 방법은 소비세 올리기다. 그리스는 부가가치세율을 19퍼센트에서 21퍼센트로 올렸다. 개별 소비세인 유류, 주류, 담배세율도 올리기로 했다. 스페인도 7월부터 부가세율을 16퍼센트에서 18퍼센트로 올리고, 영국은 앞으로 2년 안에 올리는 방안을 검토한다고 발표했다. 이웃 일본에서는 10월부터 담뱃세를 올리겠다고 했다. 우리도 조세연구원 소속 박사의 입을 통해 슬쩍 운을 뗐다. 여건만 무르익으면 도입하려는 태세다.

구린 데 있는 사람들을 대상으로 하는 작업도 있다. 역외 탈세 추적이다. 이걸 위해 국제 공조도 활발하다. 주요 20개국 G20들은 공동으로 조세회피지역 블랙리스트를 만들었다. 경제협력개발기구 OECD 국가 간에는 조세 정보를 교환하자고 손을 잡았다.

국내법상 금융자산 개인정보를 공개하지 못하도록 한 규정을 내세워 비밀계좌로 쏠쏠한 재미를 봐온 스위스 은행들이 손을 들었을 정도다. 스위스 금융기업 UBS는 버락 오바마 미국 대통령 압박에 결국 손을 들면서 고객들의 정보를 해당국 과세당국에 건네줬다. 스위스는 쏟아지는 국제사회의 압박에 계좌정보 공개와 관련된 국내법 개정을 추진하고 있다.

우리 국세청도 해외로 재산을 빼돌린 네 개 기업을 추적해 3,300억 원가량의 세금을 추징했다고 최근 발표했다. 더 효과적으로 박차를 가하려면 국회에 계류된 해외 금융계좌 내역 신고를 의무화한 법안을 조속히 처리하면 된다.

소비세를 올리거나 역외 탈세 잡기는 분명 효과가 있다. 그러나 중요한 건 큰 물줄기를 제대로 잡는 일이다. 큰 물줄기는 두 가지다. 지하경제에서의 탈루 막기와 비과세·세금감면 중단이다.

백용호 국세청장은 얼마 전 한 강연에서 OECD 국가 평균 지하경제 규모는 10퍼센트로 추정되는데 한국은 국내총생산GDP 대비 20퍼센트 정도라며 여기에 세금이 매겨지면 한 해 20조 원가량이 더 걷힌다고 자신했다. 대한민국 국가채무도 세금만 제대로 걷힌다면 세율을 올리지 않고도 다 갚을 수 있다고 백 청장은 강조했다. 비과세와 세금 감면은 이미 재정 악화의 주범으로 찍혀 있다.

인기주의에 빠져 있는 위정자와 선거 승리에만 급급하는 집권 여당의 분탕질 결과다.

정부의 조세지출보고서에 따르면 지난해 비과세 및 감면 규모는 28조 3,968억 원이었다. 총국세 수입액 대비 14.7퍼센트에 해당됐다. 지방선거를 겨냥해 정부와 여당이 내놓은 감면안은 이미 국회에 수북하게 쌓여 있다.

기획재정위원회에 계류 중인 법안 281건 가운데 조세특례제한

법 개정안은 61건, 소득세법 개정안은 22건이다.

가장 최근 올라온 조세특례제한법안의 경우 노인여가복지시설에 난방용 석유류와 전기료에 부과하는 세금을 감면해주는 내용이다. 소득세법 개정안은 농민들에게 해주듯이 어민들의 어로어업 소득도 사업소득에서 제외해주자는 내용이다. 지하경제에서 거둬들일 수 있는 20조 원과 비과세·감면액 28조 원을 합치면 지난해 재정적자 43조 원을 단숨에 메우고도 남는다.

백 국세청장은 이렇게 말했다. "세법의 핵심은 공정한 적용이다. 뭐가 공정하겠는가. 소득이 있는 곳에 세금이 있게 하면 된다. 탈세를 하면 강력하고 원칙에 입각한 제재를 가하면 된다."

곳간지기 기획재정부가 중심을 잡아라. 집행 기관 국세청은 원칙대로 기본을 지켜라. 그러면 구멍 난 나라 곳간은 즉시 채워질 수 있다.

— 〈매일경제〉 2010년 5월 28일 자 '데스크칼럼'

기자가 워싱턴 특파원으로 일할 때 미국 국무부 한국과장으로 커트 텅이라는 외교관이 새로 부임했다. 그는 야구를 좋아한다. 한국 매체 특파원들과 처음 만난 지난 2008년 8월 야구 얘기로 말문을 열었을 정도다. 그는 "오늘 두 가지 뉴스가 있다"고 상견례에 온 한국 특파원들을 갑자기 긴장시켰다. 이어 "올림픽에서 한국이 일본에 이긴 게 좋은 소식이고, 나쁜 소식은 미국이 쿠바에 졌다는 거다"고 너스레를 떨었다.

커트 텅은 2003년부터 3년간 주한 미국대사관에서 경제참사관으로 일했다. 그때 재정경제부에서 커트 텅을 주로 만난 창구는 최중경 국제금융국장 당시 직책이었다. 최 국장은 직급을 따지지 않고 텅 참사관을 업무 상대로 대우했다. 한국의 경제 상황에 대해 진솔하게 설명하고 정확한 정보를 제공함으로써 텅 참사관이 정례적으로 올리는 보고서의 방향을 잡아줬다.

덕분에 최 국장은 재정경제부 안에서 미국대사관 관련 업무의 민원 창구 구실도 했다. 민원이라 해 봐야 급하게 발급해야 하는 비자였을 게다. 최 국장에게 몰린 부탁은 평소 '관리'한 커트 텅 참사관을 통해 해결되는 방식이었을 것으로 짐작된다.

최 국장은 주미 대사관뿐 아니라 한국에 주재하는 주요국 대사관의 경제참사관들을 널리 만나고 다녔다. 따지면 재경부 국제금융국장의 업무가 아니지만 그는 시간을 내고 돈도 들여 밥도 샀다.

최중경의 업무 스타일이 그렇다. 윗사람이 시키지 않아도 필요하다고 판단하면 나서서 우직하게 일을 한다. 자기 신념에 입각해 옳다고 생각하면 밀어붙이는 '확신범'과 비슷하다.

국제금융국장으로 일했던 때부터 강력한 환율 방어 정책은 그의 트레이드마크였다. 그때 얻은 별명이 '최틀러'다. 외국환평형기금 수조 원을 까먹었다는 비판에 몰리다 쫓기듯 세계은행으로 옮겨가야 했다. MB정부 출범 후 강만수 기획재정부 장관과 짝을 이뤄 차관으로 복귀한 뒤에도 고환율을 고집했다. 환율주권론자라는 타이틀도 덧붙여졌다.

최틀러나 환율주권론자라는 호칭은 고집스러움 때문에 얻었을 게다. 윗사람들이야 소신 있게 일한다는 긍정적인 평가를 내릴지 모르지만 그의 결정 때문에 손해를 입은 쪽에서는 그에게 반감을 가질 수 있다.

논쟁해 보자면 원화가치 약세고환율가 한국경제에 도움을 준다는 식의 논리를 언제까지 펼쳐야 하는지 묻고 싶다. 수출지상주의가 만사에 우선할 때는 고환율이 다수를 행복하게 만들지 모르지만 이젠 달라졌다. 수입 비중이 높은 업체들이나 외국에 유학생을 보내놓은 가정에서는 반가울 리 없다.

최틀러가 이젠 대통령을 보좌하는 경제수석비서관으로 일한다. 지난달 30일 경제수석으로 발표됐을 때 그는 "이젠 내 의견은 없다"며 "비서로서의 역할에 충실하겠다"고 말했다. 맞다. 정책 집행의 일선에 있는 국장, 차관 때와는 달라야 한다. 청와대 수석이라지만 어디까지나 대통령의 비서다. 비서가 자기 목소리를 내고 색깔을 씌우면 안 맞다.

외환시장에서는 그의 내정 발표 후 원화가치가 약세_{환율 상승}로 가지 않겠느냐는 관측이 있었다. 하지만 지난달 말 이후 어제까지 원화값은 강세를 지속하고 있다. 최중경 수석의 환율주권론이 이젠 통하지 않아서 그런지, 그가 아직 본래의 소신과 정책을 제대로 펼치지 않아서인지는 따지고 싶지 않다.

다만 대통령 경제수석비서관으로서는 "최악의 상황이라면 한국은행의 발권력도 동원할 수 있다"는 식의 독단을 보이지 말라고 주문하려 한다.

경제 관료로서 쌓아온 그의 전문성이 환율 정책에만 있지는 않을 게다. 성장, 고용, 외환 정책에 걸쳐 두루 솜씨를 발휘하길 기대한다. 이젠 환율주권론 같은 울타리에서 한발 넘어선 최중경의 모습을 원한다.

— 〈매일경제〉 2010년 4월 16일 자 '데스크칼럼'

만세 삼창을 했다고 한다. 지난해 9월 미국 피츠버그에서 열린 주요 20개국 G20 정상회의에서 다음 회의를 서울로 유치 확정하고 돌아오는 대통령 전용기에서다. 사공일 G20 정상회의준비위원장은 준비위가 발간한 《G20 코리아 더 큰 세계로》에서 1907년 헤이그 평화회의에 파견된 이준 열사를 들먹였다. 선조가 못한 일을 100년이 지나 우리가 해냈다며 감격에 겨워했다.

2010년을 열면서 대한민국은 G20 정상회의 개최국으로 결연한 의지를 다졌다. 국가 품격 높이기를 국정 과제로 내걸었다. 정부 정책 방향은 G20 정상회의를 향해 맞춰졌다.

유치 결정 당시의 들뜬 기분이 계속 이어지는 분위기다. 흥분만 지속되는 듯하다. 하지만 차분해져야 한다. 이제는 G20 회의를 실질적으로 성공시키기 위해 내실을 채워야 할 때다. 따져 보면 할 일이 한두 가지가 아니다.

정부는 이번 회의에 한국의 역할을 '선진국과 개도국 간 가교'라고 설정했다고 한다. G20 회원국 구성상 중간쯤에 위치한 우리로서는 할 만한 얘기다. 의장국으로서 객관적인 자세를 견지해야 한다. 개도국을 대변하는 것으로 비치면 선진국에서 싫은 소리를 들을 수 있다. 선진국 진입을 운운하며 그쪽 편만 든다면 개도국에서 등 돌림을 당할 게 뻔하다. 중용과 중도가 필요하다.

의제 설정도 쉽지 않다. 경기가 회복세에 접어들면서 각국이 자국 상황을 생각하기 시작했다. 출구전략 공조는 깨지고 있다. 최대 공통 현안인 고용 문제를 의제로 잡는 데도 합의가 쉽지 않다.

6월에 캐나다에서 먼저 열리는 G20 정상회의를 둘러싸고도 사소한 갈등을 피해야 한다. 캐나다와 공동의장국으로서 역할을 적절하게 나눠야 한다. 우리가 주도권을 쥐겠다고 나서면 잃는 게 더 많아질 수 있다. 캐나다는 속성상 아무래도 선진국 모임인 G8에 치우치려는 성향을 감추기 어려울 거다.

사실 정상회의는 '쇼'다. 실질적인 논의는 따로 이뤄진다. 사전 교섭 대표인 셰르파 회의, 재무장관·중앙은행 총재 회의, 차관·부총재 회의 등 다단계다. 금융안전망 구축 작업을 논의하는 금융안정위원회FSB 회의도 있다.

창구마다 꼼꼼하게 협의하고 점검해야 한다. 그런 점에서 중간에 사람이 바뀌는 건 어처구니없어 보인다. 그동안 쌓은 인맥 네트워크가 한순간에 날아가기 때문이다.

윤증현 기획재정부 장관이나 신제윤 국제업무관리관에게 안심하고 일할 수 있게 해줘야 한다. FSB 회의를 맡는 진동수 금융위원장에게도 힘을 실어줄 필요가 있다. 3월 말에 퇴임하는 한국은행 총재의 교체는 기정사실화돼 있으니 어쩔 수 없어 보인다.

공교롭게도 한은에서 G20 정상회의를 총괄하는 이광주 국제담당 부총재보도 3월에 임기가 끝난다. 이 부총재보는 오랫동안 국제업무를 맡아오며 금융가에 탄탄한 인맥을 쌓아 놓고 있다. 누구든 이어받으면 된다는 식이라면 할 말이 없지만 아쉬움이 적지 않다. 국제

금융가에서 '광주 리'로 명성을 쌓고 있는 그의 노하우를 놓치지 않으려면 11월 정상회의 때까지 임무를 더 맡기는 방안도 생각해볼 만하다.

지난 연말 셰르파로 발탁된 이창용 G20 준비위 기획단장도 개인적 네트워크를 써먹기 위해 차출한 것이다. 미국 버락 오바마정부 실세인 로렌스 서머스 국가경제자문위원장과 사제 관계라는 점을 감안해서다.

G20 회의와 관련해 각국 정부의 공식 대표는 어디까지나 재무장관, 중앙은행 총재, 셰르파다. 사공일 G20 준비위원장은 준비를 총괄하는 자리에 있을 뿐이다. 각자 맡은 일에 충실하면서 넘지 말아야 할 선은 지켜주는 게 필요하다.

불필요하게 국민 기대치를 너무 높여 놓았다가는 실망으로 이어질 수 있다. 'G20 만세'는 회의를 빈틈없이 치른 뒤에 불러도 늦지 않다. 그래야 100년 만의 쾌거라는 평가가 무색하지 않을 거다.

— 〈매일경제〉 2010년 2월 5일 자 '데스크칼럼'

국민이 되레 걱정해주는 정치

⋮

📚 죽은 자는 말이 없다?

성완종 전 경남기업 회장을 보며 '죽은 자는 말이 없다'는 소설 제목이 먼저 떠올랐다. 오스트리아 극작가 아르투어 슈니츨러가 1893년 발표한 단편소설에서 쓰인 제목이다. 정작 유명해진 건 헤밍웨이 덕분이다. 1942년 헤밍웨이는 전쟁 속 인간의 모습을 그린 본인과 여러 작가의 글 마흔두 편을 모아 두 권으로 엮으면서 1권의 제목에 이것을 달았다. 2권의 제목은 '노병은 죽지 않는다'였다.

역사에서는 승리자가 패배자의 기록을 지워 버리거나 왜곡하면서 사실상 입을 닫게 만들었다. 싸움에서 지면 말 없는 죽은 자 신세를 면하기 어렵다.

성완종 전 회장이 거론한 인사들에게 왜 돈을 줬겠는가. 사적인 관계로 준 뇌물이라면 관심을 가질 가치도 없다. 핵심은 대선자금이다. 2007년 한나라당 당내 경선과 2012년 대통령선거 본선 때 박근혜 후보 측에 건네진 돈이다. 중앙선거관리위원회에 신고된 내역엔 2007년 총수입지출 16억 원, 2012년 선거비용 479억 원으로 돼 있다.

성 전 회장이 줬다고 주장하는 돈은 여기에 포함되지 않았을 가능성이 크다. 받은 걸로 적시된 창구 누구도 손사래 치며 부인하기 때문이다. 본격 선거운동 전에 줬고 공식적으로 회계처리되지 않았을 정황을 점친다.

성완종 리스트 수사가 제대로 갈지는 박근혜 대통령의 의지에 달렸다고들 말한다. 박 대통령은 정면으로 돌파해야 사태를 수습할 수 있다는 해답을 알고 있는 듯하다. 박 대통령은 그저께 "검찰이 법과 원칙에 따라 성역 없이 엄정히 대처하기를 바란다"고 밝혔다. 어제 청와대 관계자는 측근이든 누구든 검찰 수사에 예외가 없고 그 과정에서 비리가 드러나면 엄정하게 처리하면 된다는 뜻이라고 설명을 붙였다.

2003년 한나라당 이회창 후보의 차떼기 대선자금 수사 때 함께 불똥이 튀자 최측근 안희정 씨를 감옥에 보낸 노무현 전 대통령의 모습이 떠오른다.

하지만 주말과 휴일 사이 온 나라가 들끓자 일요일 오후 5시 20분께 청와대 대변인의 서면 브리핑을 통해 나온 대통령의 간접화법식 의지 표명은 사태의 심각성을 제대로 읽지 못한 듯하다.

엉뚱한 제안일지 모르지만 모레부터 시작되는 박 대통령의 남미 4국 순방을 미루는 게 좋을 것 같다. 나라 안에서 이른바 국기를 흔들 만한 폭탄이 터져 있는데 대통령이 바깥에 나가 돌아다녀 본들 국민의 박수를 받기는 힘들 거다.

언론이 대통령의 순방 성과를 전해 봐야 누가 관심을 갖겠나. 12일간 대통령이 나라를 비운 사이에 성완종 사건이 정리될 수 있다면 모르지만 요원하다. 박 대통령이 외국 순방까지 미루는 결기를 보여 준다면 이번 사태를 제대로 풀겠다는 강한 의지를 보인 것으로 비쳐질 수 있다.

기자 시절 청와대를 출입해봐서 정상외교의 중요성을 잘 알지만 어느 나라 정상이든 내치에 부득이한 상황을 맞으면 비록 확정했더라도 외국 방문을 조정한다. 내치와 외교를 맞비교할 수야 없으나 득실을 따져보고 손해 보지 않는 쪽을 택하는 게 현명한 정치가 아닌가.

죽은 자에게서 나올 말이 없을 줄 알았는데 성 회장은 다르다. 죽기 직전 〈경향신문〉과 했던 50분간의 생생한 인터뷰가 있고, 쉰다섯 글자로 채운 자필 메모가 있다. 적시된 이들이 아무리 손사래 쳐봐야 시중의 여론은 싸늘하다.

이쯤 되면 표현을 바꿔야겠다. '죽은 자는 말이 없다'에서 '죽은 자는 알고 있다'로 가야 할지 모르겠다. 로라 립먼의 추리소설《죽은 자는 알고 있다》는 유괴, 교통사고, 실종사건으로 이뤄지는 과거와 현재 속에서 진실을 쫓는 시간여행을 담았다.

작가는 소설에서 '왜?', '어떻게?'라는 물음을 끊임없이 던진다.

종착점은 진실을 찾아가는 것이다.

미적대던 검찰이 지난 일요일 특별수사팀을 꾸려 나서겠다고 했다. 일단 검찰을 믿을 수밖에 없다. 일각에선 특검 운운하지만 성급하다. 검찰이 먼저 손바닥으로 해를 가리려 하지 말고 진실을 내놓아보라.

— 〈매일경제〉 2015년 4월 14일 자 '매경포럼'

📚 헌법을 다시 읽는다

세월호 참사 후 대한민국 헌법을 다시 읽는다. 국가가 무엇인지 혼란스러워서다. 국민의 권리가 뭔지, 합당한 대접을 받았는지 의심스러웠다. 대통령 책무에 대한 여러 쓴소리 때문에도 관련 규정을 들춰봤다.

출발은 제1조 2항이다. 대한민국 주권은 국민에게 있고, 모든 권력은 국민으로부터 나온다고 돼 있다. 국가의 구성은 국민, 영토, 주권이다. 사전을 보면 국가는 "일정한 영토와 거기에 사는 사람들로 구성되고, 주권에 의한 하나의 통치 조직을 가지고 있는 집단"이다.

통치조직을 정부로 해석한다면 결국 주권자인 국민이 국가의 핵심이다. 그래서 헌법에는 국민의 권리와 의무가 상세하게 규정돼 있다. 제2장 10조부터 39조까지 이걸로 채워져 있다. 그러나 세월호 사고 때 정부 행태를 보면 헌법에 아무리 많은 조항을 두고 있어 봐야 말짱 소용없다.

헌법 제10조에서는 "모든 국민은 인간으로서의 존엄과 가치를 가지며, 행복을 추구할 권리를 가진다"고 전제한 뒤 "국가는 개인이 가지는 불가침의 기본적 인권을 확인하고 이를 보장할 의무를 진다"고 명문화했다. 그런데 국가가 국민의 생명을 지키지 못했으니 불가침의 인권이 심대하게 침해된 셈이다.

헌법은 제4장에서 정부의 의무를 세세하게 제시한다. 국민의 권리를 뒷받침하기 위한 정부의 역할이다. 먼저 대통령의 임무부터 명확하게 새겨놓았다. 제66조 2항에 "대통령은 국가의 독립·영토의 보전·국가의 계속성과 헌법을 수호할 책무를 진다"고 했다. 4항에는 "행정권은 대통령을 수반으로 하는 정부에 속한다"고 명시했다.

정부에 대한 실망이 대통령 지지율 하락으로 이어지는 건 당연하다. 제69조에는 대통령이 취임식에서 선서할 문구까지 정해 놓았다. "나는 헌법을 준수하고 국가를 보위하며 조국의 평화적 통일과 국민의 자유와 복리의 증진 및 민족문화의 창달에 노력하여 대통령으로서의 직책을 성실히 수행할 것을 국민 앞에 엄숙히 선서합니다." 되풀이해서 읽어봐도 대통령의 책무 가운데 첫째는 '헌법 준수'와 '국가 보위'다. 국가의 원수로서 헌법 수호의 최일선에 나선 첨병이자 마지막 보루여야 한다. 수호되어야 할 헌법 가치 중에 국민의 생명과 신체보다 더 내세울 게 뭐가 있겠나.

어제 내놓은 대국민 담화에서 "사고에 대한 최종 책임은 대통령인 저에게 있다"는 말은 진작에 수십 번 반복했어도 부족하다. 제7조

1항에서는 공무원에 대해 "국민 전체에 대한 봉사자이며, 국민에 대하여 책임을 져야 한다"고 못 박았다. 그렇지만 안전행정부, 해양수산부, 해양경찰 등 일선 공무원들이 보여 준 자세에서 국민은 헌법과는 동떨어져 있는 현실을 확인했다. 이런 실망과 비난 여론이 반영돼 해당 기관이 폐지되고 업무를 다른 곳에 이관토록 조치됐다. 파격적이지만 한편으론 뒷북치기다.

다른 건 다 넘어가더라도 두 조항만은 되새겨 보자. 먼저 "국가는 재해를 예방하고 그 위험으로부터 국민을 보호하기 위하여 노력하여야 한다"고 한 제34조 6항이다. 제30조는 "타인의 범죄행위로 인하여 생명·신체에 대한 피해를 받은 국민은 법률이 정하는 바에 의하여 국가로부터 구조를 받을 수 있다"고 했다.

헌법에 번지르르하게 문구만 마련해 놓으면 뭐하나. 대한민국에서 재난관리법은 1993년 서해훼리호 침몰과 1995년 삼풍백화점 붕괴 사고 후에야 제정됐다. 2003년 대구지하철 화재를 겪고 나서는 부처 간 업무를 통폐합해 '재난 및 안전 관리기본법'으로 정비했다.

그래도 아직 예방과는 무관하다. 사후 약방문일 뿐이다. 다시 꼼꼼히 보니 첫 페이지 전문前文에 "…우리들과 우리들 자손의 안전과 자유와 행복을 영원히 확보할 것을 다짐하면서…" 헌법을 마련했다고 쓰여 있다. 그럼에도 불구하고 우리와 우리들 자손의 안전을 지켜내지 못했다. 대한민국 헌법 규정이 다시는 '장롱 속 문구'가 되지 않도록 해야 할 텐데….

— 〈매일경제〉 2014년 5월 20일 자 '매경포럼'

수줍은 산수유 꽃망울이 고개를 들었다. 봄을 알리는 전령을 보면서도 정치판 얘기를 다루는 게 아쉽다.

지난 6일 마감해 보니 지방선거에 출마하려고 사퇴한 공직자가 150여 명에 달했다. 4년 전에 비해 줄었고, 지방의회에 도전하려는 5~6급 출신이 절반이라니 그래도 나아졌다.

하지만 시한 하루 전에 그만둔 안전행정부 장관이나 선출직 시장이 손을 놓아버렸는데 뒤따라 그만둔 춘천과 전주 부시장들을 보면서는 화가 치밀었다. 임명직으로 일하고 있었기 때문이다. 최대한 과실을 따먹은 뒤 제 갈 길 가는 얌체처럼 보였다.

국회의원이나 교육감 같은 선출직이야 말릴 수 없는 일이다. 그래도 유감이다. 그동안 교육행정을 맡다가 도지사를 하겠다니 본래부터 정치에만 뜻이 있었나 싶다. 법에 정해진 규정을 위반한 건 아니니 당사자들은 떳떳하겠지만 씁쓸하다.

박근혜 대통령은 유정복 안전행정부 장관을 지방선거에 차출하지 말았어야 했다. 행정부 장관급으로는 그가 유일했고 선거 주무부처 수장이었으니 더욱 그렇다. 선거에 나설 거였으면 진작 그 자리를 던졌어야 했다. 출마 선언 때 불쑥 던진 말을 보면 박 대통령 의중에 따라 후보로 나섰을 텐데 유감이다.

강창희 국회의장은 정진석 국회 사무총장 사표를 받아들이지 말았어야 했다. 출마할 생각이었으면 정 총장이 애초부터 그 자리에 가지 말았어야 했다. 국회의장 임명을 받는 입법공무원 수장이니 의장과 임기를 같이했어야 했다. 두 사람 모두 3선 국회의원 경력으로 본래 정치인이지만 하필 임명직 자리에 있었다는 원죄 때문에 하는 얘기다.

중진 차출에 여론조사에 의한 공천 등 새누리당 선거 전략을 보면 풀뿌리 민주주의라는 지방자치 정신은 이미 사라졌다. 선거에서 이기는 게 정당의 목표인데 무슨 시비냐고 물을지 모른다. 그러나 나라 살림을 책임지고 있는 집권 여당이니 이렇게 걱정하는 거다. 당장 지방선거 승리만을 위해 만사에 베팅하는 행태야 야당이라고 다르지 않지만 임명직 권한이 더 크니 여당에 주로 시비를 거는 거다.

살고 있는 동네 어귀에 얼마 전부터 이런 플래카드가 내걸려 있다. '살림 참 잘했다고 평가해줘 상 받았습니다.' 안전행정부가 전국 시·군·구를 대상으로 한 평가 결과라고 한다. 이걸 자랑한 구청장 의도처럼 지방선거는 살림 잘할 사람을 뽑는 일이다. 그런데 지방선거가 정권에 대한 중간평가로 바뀌었다. 살림꾼을 뽑아야 하는데 전문적인 정치꾼을 선택하는 판으로 변했다.

새누리당 측 그림대로 후보들을 정하면 6~7곳에 보궐선거 요인이 생긴다. 민주당 쪽 2~3곳을 더하면 10여 곳으로 늘어난다. 이번에는 당장 법을 바꿔 공직선거를 다시 하게 만든 원인 제공자와 소속 정당에 선거비용을 부담하도록 해야 한다. 박 대통령은 대선 공약에 이를 약속했고, 새누리당 정치쇄신특별위도 지난해 7월 이렇게 하겠다고 발표했다. 부정부패에만 국한할 게 아니라 다른 선거 출마를 위한 자발적 중도 사퇴에도 적용해야 한다.

지금은 EU의회에 합쳐졌지만 유럽 국가에서는 도입된 지 오래다. 17, 18대 국회에서만 다시 치른 선거 때문에 혈세 280억 원이 국가 재정에서 쓰였다. 지방자치 민선5기 2010~2014년에도 29회에 달했던 재·보궐선거에서 관련 비용을 해당 지자체에서 부담했다. 2000년 이후 국회의원과 지방자치 재·보궐선거에 쓰인 돈은 1,800억 원에 달한다.

더 이상 국가와 지자체 재정을 털어 메워서는 안 된다. 정치의 계절이다. 선거의 계절이다. 2월 임시국회 때 잠시 민생, 경제 살리기 운운하더니 역시 본색을 드러내고 있다.

집권 여당에 묻는다. 철학자 스피노자가 400년 전 던진 화두다. 내일 지구의 종말이 와도 묵묵히 사과나무를 심을 이는 누구인가. 있는 자원 다 긁어다 써먹은 뒤에 뒤치다꺼리는 어떻게 하려나. 원칙과 대의는 다 무너져도 지방선거에서만 이기면 되는 건가.

— 〈매일경제〉 2014년 3월 11일 자 '매경포럼'

NSC국가안전보장회의는 헌법기구다. 대외정책, 군사정책에서 대통령을 자문한다. 통일정책의 민주평화통일자문회의, 경제정책의 국민경제자문회의와 비슷하다. 헌법 91~93조에 근거 규정이 명문화돼 있다.

고리타분하게 헌법 조문을 들먹이는 건 행여 오해하는 국민이 있을까 하는 노파심에서다. 지난해 12월 12일 북한에서 장성택이 전격 처형되고 급박하게 돌아갈 때 발표된 우리 NSC 개편을 어떻게 봤을까 싶어서다.

작업은 속전속결로 진행됐다. 12월 16일 박근혜 대통령 지시가 내려졌다. 나흘 뒤 세부 직제가 발표됐다. NSC 상임위와 실무기구인 사무처를 설치하기로 했다. 국가안보실 1차장차관급을 신설해 NSC 사무처장을, 정책조정비서관을 둬 NSC 사무차장을 겸임하게 했다. NSC 상임위에는 외교부, 통일부, 국방부, 국가정보원 등 관련 부처가 참여한다. 상임위원장을 국가안보실장에게 맡겨 외교안보 분야 중심 역할을 일원화했다.

이번 발표를 보며 노무현정부 시절이 데자뷔처럼 떠올랐다. 2004년 중반 노 대통령은 NSC 사무처장을 청와대 비서실에서 분리해 별도 정무직으로 만들라고 지시했다. 당시 이종석 NSC 사무차장을 사무처장으로 승진시키려 했다. 이를 위해 청와대 국가안보보좌관당시 장관급이 NSC 사무처장을 겸하게 돼 있던 국가안전보장회의법을 바꾸려 했다. 하지만 NSC가 정보와 권력을 독점한다는 거센 비판에 손을 들었다. 대통령 자문기구에 사무적인 지원이 아니라 외교안보 정책을 조정하고, 전략 기획까지 맡겼다가 '이종석의 NSC 사무처' 처럼 운영되면서 안팎에서 견제를 받은 것이다. 이종석은 NSC 사무 차장직에 머물다가 2006년 초 끝내 통일부 장관으로 승진해 이후에 도 NSC 하면 이종석을 떠올리게 만들었다.

NSC 개편을 발표했던 한 달 전과 달리 새해 들어 북한 측 태도가 달라졌다. 느닷없이 중대 제안이라며 유화적인 메시지를 던진다. 평 화 공세 뒤에선 핵시설을 풀가동하고 있다는 관측도 있다. 아베 신 조 일본 총리의 야스쿠니신사 참배 강행과 이후 노골적인 행보에 한 일 간 갈등은 확대되고 있다. 외교안보 분야 현안은 꼬리를 무는데 NSC 활약은 안 보인다. 신설한 NSC 상임위는 매주 외교안보 현안 을 논의하고 대책을 마련해 대통령에게 보고토록 한다고 했다.

하지만 이미 일선에서는 외교안보장관회의가 수시로 소집되고 굴러간다. 외교·국방·통일부 장관 외에 국가안보실장과 외교안보 수석이 참여하니 NSC 상임위 멤버와 그대로 겹친다. 더욱이 청와 대에 국가안보실과 외교안보수석실을 두고 있는데 NSC 사무처를 또 만들겠다는 건 이해가 안 된다. NSC 원조인 미국에서는 NSC와 외교안보장관회의를 구분해 운영하지 않는다. 중국과 일본에서 지 난해 말 나란히 NSC를 출범한 걸 우리와 맞비교할 일은 아니다. 양 국은 최고권력자 직할에 총괄기구를 두지 않았다가 동북아 안보 정 세 급변에 맞춰 신설했다. 우리는 NSC 자체를 새로 만든 게 아니라

NSC 상임위와 사무처를 두겠다는 것이었다. 정작 발표 후 한 달 보름을 보내고 어제 김규현 외교부 1차관을 NSC 사무처장으로 임명했지만 그동안 국민에겐 멀쩡한 NSC가 개점휴업 상태인 양 비쳤다.

이명박정부는 대통령직인수위 시절 통일부를 폐지하겠다고 했다가 결국 접었다. 독일에서는 우리나라 안전행정부와 유사했던 내독부가 관련 정책을 담당했다거나, 외교부에 통합하면 된다는 등 충분히 익히지 않은 채 추진하다 야당과 여론의 벽을 넘지 못했다. 즉흥적으로 나온 정책의 귀결이었다. 외교안보정책 총괄기구를 이중삼중으로 두는 건 불합리하다. 옥상가옥屋上架屋이다. 상황이 바뀌었고 판단에 오류가 있다 싶으면 접을 수도 있어야 한다. 직제만 건드리는 건 변죽 울리기다. 전략을 잘 세우고 일관성 있게 실행하는 게 더 중요하다.

― 〈매일경제〉 2014년 2월 4일 자 '매경포럼'

📚 '오컴의 면도날'과 '살라미 소시지'

박근혜 대통령 취임 100일에 정치학 교과서에서 배운 상징조작을 생각한다. 월터 리프먼이 《여론》에서 지칭한 상징 symbol 을 활용한 정치공학 기법이다.

청와대 측은 역대 정권마다 했던 기자회견도 안 한다. 내건 캐치프레이즈도 없다. 정치적 상징조작을 하지 않겠다는 의미다. 100일

간 무슨 일을 했지? 공과가 겹쳐 떠오른다. 한쪽에는 방미 외교, 개성공단 폐쇄, 부동산대책이 있다. 다른 쪽에는 고위직 인사 난맥과 윤창중 스캔들이 자리한다. 100일 이후 1년까지 앞으론 뭘 할까? 지난달 말 140개 국정과제를 확정했고 대선 공약 가계부도 내놓았다. 고용률 70퍼센트 달성을 위한 로드맵도 나온다. 사과나무 심듯이 묵묵히 정책들이 이어진다. 추경예산도 편성하고 금리도 낮췄다. 성과를 평하기에 이르지만 경기를 끌어올리려 안간힘을 쓴 건 분명하다.

정치적 상징조작에는 두 가지 전술이 선택 가능하다. '오컴의 면도날 Occam's razor'과 '살라미 소시지'다. '오컴의 면도날'은 14세기 중세 철학에서 나온 이론이다. 피부를 상하게 하지 않고 수염을 잘 깎으려면 면도날은 예리할수록 좋다는 인식에 기초한다. 복잡한 것을 빼고 단순화하는 게 가장 뛰어나다는 논리다. 선택과 집중이다.

'살라미 소시지'는 얇게 썰어 먹는 이탈리아 소시지 살라미에서 나온 말이다. 여러 개로 쪼개 상대를 헷갈리게 만드는 전술이다. 다양화하고 복잡하게 만들어 효과를 배가하는 것이다.

박 대통령과 참모들은 100일 이후에는 '오컴의 면도날' 전술을 택했으면 한다. 하나라도 확실하게 잘하고 있다는 걸 보여 주라는 얘기다. 개인적으로 지난달 방미 때 한국에 대한 전문직 비자 쿼터 확대 언급에 가장 주목했다. 박 대통령은 워싱턴DC 동포들과 만난 자리에서 1만 5,000개 쿼터 확보를 미국 의회와 협의하고 있다고 말했다.

미국 정부는 외국인 전문 인력에 대해 취업비자 H1B를 연간 8만 5,000개 발급한다. 학사 6만 5,000개, 석사 이상 2만 개다. 인도와 중국에서 전체 중 60퍼센트 이상을 가져가 버린다. 한국인은 3,000개 정도 배정된다. 이와 별도로 1만 5,000개를 우리에게만 배정하는 것이니 10만여 명에 달하는 미국 유학생 중 현지 취업을 원하는 이들에게는 최대 희소식이다.

미국은 자유무역협정 FTA을 체결한 나라에 전문직 비자 쿼터를 별도로 할당해 왔다. 호주에는 FTA 발효 후 E-3 비자 형태로 1만 500개 쿼터를 추가로 줬다. 의회 권한이었는데 행정부에 위임했다가 하필 우리나라부터 다시 찾아가 버렸다. 그러니 의회를 상대로 직접 협상해야 한다.

전문직 비자 쿼터 확대는 통합이민법에 관련 조항을 넣어야 한다. 친한파 의원들에 의해 다른 비자 쿼터를 확대하는 법안도 별도로 발의돼 있다. 주미 한국대사관은 이들 법안이 의회에서 통과되도록 로비스트 고용에 올해 170만 달러를 썼다. 비자 쿼터를 늘릴 수만 있다면 예산을 더 밀어줘서라도 로비활동을 강화할 필요가 있다.

박 대통령 방미 때 성사시킨 대학생 연수취업프로그램 WEST 연장도 작지만 실질적이다. 2008년 한·미 정상회담에서 합의한 뒤 5년간 한시적으로 운영해 왔다. 한국 대학생들에게 어학연수 5개월, 인턴 12개월, 관광 1개월 등 18개월간 미국 체류를 보장하는 내용이다. 한 해 350명 전후 학생들이 뽑혀 미국을 경험했다.

한·미 동맹 강화도 중요하다. 그렇지만 국민 실생활에 도움이 되는 이런 쪽이 방미 성과에서 훨씬 와 닿는다. 미국 전문직 비자 쿼터를 장황하게 거론한 것은 이런 취지에서다.

정치에 상징조작은 필요하다. 이성을 깨우거나 감정에 호소하며 동의를 끌어낸다. 어떤 방식이 효과적일지도 선택해야 한다. 100일 이후엔 오컴의 면도날처럼 단순화하시길. 살라미 소시지같이 잡다하게 벌이지 마시길. 작지만 하나라도 잘한다는 인식을 심어주는 게 효과적일 수 있다.

— 〈매일경제〉 2013년 6월 4일 자 '매경포럼'

여성대통령 강점 더 활용하길

그들은 한 치의 빈틈도 보이지 않으려 했다. 마거릿 대처 전 영국 총리는 전용 미용사를 항상 대동했다. 회의가 길어지거나 다른 회의를 또 할 때는 반드시 중간에 머리를 다듬게 했다. 심지어 각료들과의 협의 때도 머리를 고쳤다. 앙겔라 메르켈 독일 총리는 아무리 피곤해도 자세를 풀지 않는다. 밤을 새워 이어지는 유럽연합EU 회의장에서 흐트러지지 않는 모습으로 유명하다. 남성들을 압도한다.

마키아벨리는 "군주는 여성스럽고 결단력 약한 모습을 절대로 보여서는 안 된다"고 했다. 16세기 초에 쓴 유명한 저서 《군주론》에서다. 500여 년이 흘렀지만 유효하다. 대처와 메르켈은 이를 의식한 듯하다. 총리직에 오르는 데는 여성이라는 점이 크게 작용했지만 이를 내세우기 싫어했다. 대처는 여성의 사회 진출을 오히려 배려하지 않았다. 재임 중 단 한 명의 여성 각료를 임명하지 않은 유일한 총리다. 대처에게 붙은 '철의 여인'이라는 말은 옛 소련이 조롱하려고 지어냈다는데 정작 본인은 가장 좋아하는 별명이었다고 한다. 두 단어 중에 강인함을 의미하는 강철에 더 방점을 찍었기 때문이다.

한 달 전 취임식 날 한복 차림의 박근혜 대통령을 보며 나도 모르게 벌어진 입을 다물지 못했다. 오른쪽 뒷머리에 꽂힌 금색 머리핀에도 눈길이 갔다. 진주를 박은 듯한 귀고리도 좋았다. 여성으로서 아름다움을 느꼈다. 취임사를 읽을 때의 밀리터리룩을 연상시킨 바지 정장보다는 자줏빛 한복과 머리핀, 귀고리를 보면서 여성대통령의 등장을 실감했다.

취임 후 현장에 찾아갈 때 들고 간 박 대통령의 핸드백이 어느 회사 제품인지 알려지면서 날개 돋친 듯 팔리고 있다. 한 유통매장을 방문했을 때 대통령의 손에 있던 전통수예 지갑엔 전국에서 주문이 폭주했다. 한 개 4,000원의 저가였지만 소비자들의 무관심에 고전하던 제조업체 소산당에선 즐거운 비명이 터져 나왔다. 이걸 보면 국민은 박 대통령에게서 '여성'을 더 읽고 있는 게 분명하다.

한복과 귀고리 이미지를 박 대통령의 취임사에 있던 콩과 까치밥이라는 표현에 연관시켜 보고 싶다. 박 대통령은 어려운 시절에 콩 한 쪽이라도 나눠 먹는 게 우리 민족의 심성이라고 말했다. 조상들은 늦가을에 감을 따면서 까치밥을 남겨놓는 배려의 마음을 갖고 살았다고도 강조했다. 콩과 까치밥을 인용한 연설은 박 대통령에게서 부친 박정희보다는 모친 육영수를 더 느끼게 만들었다.

새 정부 출범 후 한 달을 보냈는데 고개를 갸우뚱하는 이들이 적지 않다. 국민에게 처음 내놓은 담화 때 내비친 결기는 '대통령이 무섭다'는 인상까지 줬다. 정부조직법 협상에서 한 발도 물러서지 않고 관철시킨 데서는 원칙도 봤지만 불통을 거듭 확인했다. 몇몇 고위직 인사에서 꺾지 않은 밀어붙이기식 고집은 심하다 싶다. 한만수 공정위원장, 김병관 국방장관, 김학의 법무차관 등 줄지은 도중하차는 한 달의 시행착오로 치부하기엔 너무 큰 상처다. 하나에서 열까지 다 챙기는 만기친람형인데 거기에 나홀로를 고집하는 대통령의 리더십에서 생긴 문제다. 취임 첫해 한 달째의 지지율 44퍼센트는 역대 정부 최저다. 국민이 대통령을 걱정하는 게 아니라, 대통령이 국민을 걱정해 주는 게 정상일 텐데 지금은 거꾸로다.

박 대통령의 조국에 대한 사랑과 사명감이 어느 정도인지 설명하지 않아도 충분히 짐작한다. 5년 임기 내내 긴장 속에 자리를 지켜야 할 텐데 힘을 빼고 좀 유연해졌으면 좋겠다. 대처나 메르켈이 했듯이 여성 리더십을 감추고 대신 남성 리더십을 내세우는 걸 배우지 않았으면 한다. 정작 메르켈에게 있는 다른 모습을 박 대통령은 아는지 궁금하다. 자식이 없는데도 주변 사람들에게서 그는 '무티 Mutti, 엄마라는 의미의 독일어'라는 별명으로 불린다. 필요하면 상대를 설득하고 다른 사람의 말을 들어준 때문이다. 박 대통령도 이런 리더십을 보여줬으면 한다. 엄마 같은 따뜻함을 유지하고, 여성이라는 점을 오히려 더 활용해 줬으면 좋겠다.

— 〈매일경제〉 2013년 3월 26일 자 '매경포럼'

📚 법치국가와 불법국가의 차이

독일어사전에도 없는 '운레히츠슈타트 Unrechtsstaat'라는 용어가 만들어졌다. 독일 헌법학자들에 의해서다. 법치국가 의미인 '레히츠슈타트 Rechtsstaat'에 부정의 접두어를 붙였다. 풀어보자면 불법국가 정도로 해석된다. 나치 시절의 폭압적인 국가체제를 학문적으로 규정하면서 도출해냈다. 겉으로는 법에 의한 지배를 했더라도 헌법학자들은 그 시절을 법치라고 평가하지 않았다. '악법도 법'이라는 소크라테스의 철학을 존중했으나 나치의 지배를 법치국가로 대접하지는 않았던 것이다.

임기를 마치는 이명박정부와 새로 출범하는 박근혜정부를 놓고 '운레히츠슈타트' 운운하는 건 오해의 소지가 있지만 짚고 넘어가야겠다.

MB정부에는 공과가 엇갈린다. 5년의 치적을 따져 보면 박수 칠 일도 많다. 그렇지만 딱 두 가지 사안만으로도 MB정부는 스스로를 법치국가였다고 자임할 수 없을 거라고 단언한다. '민간인 불법사찰'과 '임기 말 측근 사면'이다.

민간인 불법사찰 같은 작태는 군사정권에서나 있는 일인줄 알았다. 아직도 청와대 일개 비서관의 과잉 충성과 돌출 행동이 낳은 지엽적인 사건으로 간주하고 있는지 궁금하다. 그렇다면 이런 따가운 얘기를 아파할 리 없을 테니.

비리를 저지른 측근을 임기 말에 사면하면서 이 대통령은 '법과 원칙에 따라 했다'고 강변했다. 임기 중 발생한 비리를 사면 않겠다는 약속은 지켰다고 했다. 차라리 최시중, 천신일 씨에게 진 빚을 갚고 싶어 그랬다고 솔직하게 말하는 게 나았다. 사돈 집안의 기업오너도 끼워 넣었다. 다른 측근 129명에게는 무더기로 훈장을 줬다. 국민을 두 번 세 번 우롱했다.

사면법에는 법무부 장관이 대상을 정하도록 돼 있다. 국무회의의 의결도 거쳐야 한다. 이렇게 절차를 두지만 전적으로 대통령의 뜻에 좌우됐다. 신세진 사람에 빚 갚거나 아는 사람 챙겨주는 수단이 사면권이었던 꼴이다. 여론의 숱한 반대를 뭉게 버렸다. 아무리 표로 선출된 최고권력이라도 사면권을 마음대로 행사해도 좋다는 규정은 헌법에 없다.

누가 대통령에게 이런 권한을 부여했나. 대법원 확정판결이 난지 불과 나흘 만에, 형기의 절반도 안 채웠는데도 사면이 가능한 건 우리의 법체계 수준을 고스란히 보여 준다. 프랑스처럼 부정부패 공직자는 원천적으로 대상에 넣지 못하고, 미국처럼 실형을 선고받은 이는 석방 후 5년이 지나야 가능케 해야 한다.

다음 주 임기를 시작할 박근혜 대통령 당선인에게 법치는 어떤 개념일지 궁금하다. 대통령 한 사람의 의지만으로 통치를 하려면 '현인 정치'여야 한다. 그래야 시행착오를 피한다. 고대 그리스 플라톤의 철인정치나, 조선시대 율곡 이이의 도학정치론 수준이다. 모든 분야에 똑똑하고 오류 없는 결정을 내려줘야 한다. 요즘 현실에서 가능할 수 없다.

헌법을 준수하는 한 통치행위는 법으로 뒷받침돼야 한다. 아울러 근거 규정인 법을 잘 만들어놓아야 한다. 입법권을 쥔 국회의 역할이 커졌지만 법을 떠나 대통령의 권한은 압도적이다.

아직 대통령으로 취임하기 전이지만 당선인 신분에서도 얼마나 제왕적 권한을 갖고 있는지 박 당선인은 이미 보여 줬다. 원안에서 한 발짝도 물러날 수 없다고 밀어붙이고 있는 정부조직 개편작업은 대표적이다. 과거 독재정권을 떠올린다는 비판에도 아랑곳 않는 경호실장 장관급 격상과 육군참모총장 출신을 앉힌 데서는 '고집'이 읽혀진다. 정치인 박근혜는 원칙을 트레이드마크로 박수를 얻었다면, 대통령 박근혜는 유연함을 잃지 않기를 권한다.

'법에 의한 지배'는 17세기 초 영국 제임스 1세와 싸웠던 에드워드 쿡 경 주도의 의회세력이 내민 개념이었다. 절대군주의 권력을 견제하고 자의적 통치를 막으려는 의도였다. 박근혜 대통령 당선인은 집무를 시작하기 전 법치의 기본부터 되새겨보기를 앙망한다. 제대로 법치를 실현함으로써 5년 후 새로 등장할 다음 대통령 당선인에게 오늘과 똑같은 주문을 되풀이하지 않게 만들어줬으면 좋겠다.

— 2013년 2월 21일 집필

선배의 한마디에 무릎을 쳤다.

"지난해 세계를 풍미했던 '오큐파이 무브먼트 occupy movement'가 왜 한국에서는 슬쩍 비치고 시들했던 것 같으냐. 그건 역설적이게도 오세훈 전 서울시장 덕분이다."

무상급식 투표에 자리를 건 오세훈의 무모한 베팅에 느닷없이 서울시장 보궐선거가 치러졌다. 정치권에는 발을 들이지 않던 안철수와 박원순이 등장했다. 안철수에 열광하던 젊은이들은 박원순 쪽 선거운동에 자발적으로 뛰어들었다. 20~30대는 몰표에 가까운 지지를 보냈다. 집권당과 기득권 세력에 대해 투표라는 행위로 응징을 하는 듯했다.

지난해 세계는 연초부터 들썩였다. 중동 국가에 재스민혁명의 바람이 거세게 번졌다. 이집트, 리비아 등 철옹성 독재자들이 줄줄이 넘어졌다. 급기야 자본주의의 첨병 미국에서조차 '월스트리트를 점령하자'며 시위의 화살이 던져졌다. 탐욕의 화신으로 설정된 금융자본가들을 겨냥했다. 99퍼센트의 '못 가진 이'들은 소외되고 1퍼센트의 '가진 자'만을 위한 세상이라고 욕했다.

한국이라고 젊은 세대가 이런 운동에 솔깃하지 않았을 리 없다.

그런데 오세훈이 만들어준 서울시장 보선에서 선거운동과 투표를 통해 울분을 표출한 거라는 얘기다. 더구나 그들이 원하는 성과를 일궜으니 시원한 분풀이를 한판 해버린 셈이다.

청년 실업률 8.3퍼센트라는 통계청의 공식 수치를 비웃듯 대학 졸업 후에도 변변한 직장을 잡지 못하고 노는 20대가 넷 중 하나 꼴이다. 다소 과장되지만 현실이 그렇다. 젊은이들에게 희망과 꿈을 잃게 만들면 그건 죽은 사회다. 1퍼센트 대 99퍼센트라는 편 가름에 왜 흔쾌하게 동의하고 그 시위에 몸을 던져 동참할까.

젊은이들의 화살 과녁은 한 곳에 계속 고정돼 있지도 않는다. 월가 점령 시위의 용어와 아이디어를 처음 제기한 캐나다 잡지 〈애드버스터 Adbusters 〉의 칼레 라슨 Kalle Lasn 편집장이 내놓은 진단은 흥미롭다. 라슨 편집장은 한 인터뷰에서 "버락 오바마가 처음 등장했던 2008년 미국 대통령 선거에서는 월가 점령 시위에 동조했을 성향의 젊은 세대가 그를 지지하고 박수 쳤을지 모르지만 이번 2012년 재선 캠페인에서는 달라지고 있다는 것을 알아야 한다"고 지적했다.

지난 2007년 말 우리의 대통령 선거에서 560만여 표 차이라는 결과가 나온 건 일자리를 창출하고 경제를 살리겠다는 기업경영자 출신 이명박 후보에 대한 젊은 층의 기대가 담겨졌기 때문이었다. 하지만 한국에서도 4년 전엔 이 대통령에게 변화를 갈망하며 표를 던져줬던 젊은 세대들이 이내 실망해 등을 돌려버렸다.

평균 결혼 연령이 늘어난 건 개인의 선택 때문만이 아니다. 사회적 책임도 크다. 대출받아 사 놓고 평소에 갚아가기에는 집값의 절대가격이 너무 높다. 부모로부터의 도움이 없는 한 원룸에서 월세부터 시작해야 하는 이들에게 결혼은 부담스럽기만 한 게 요즘 우리 사회다.

맨손으로 시작해 기업을 일구고 주경야독으로 관가에 급제해 출세했던 선배들의 이야기는 산업화시대의 신화처럼 들릴 뿐이다. 개천에서 용 나오는 기회가 사라지고 있다고 낙담하는 세대가 갈수록 늘어난다.

개인의 능력을 따지고, 노력 부족을 탓하는 걸로는 설득되기 힘들다. 사회 구조적으로 장벽이 두터워졌고 기회가 막혀 있다면 뚫어 줘야 한다. 자유민주주의와 자본주의를 내세우는 한 누구에게나 도전의 기회가 열려 있어야 정상이다.

얼마 남지 않은 이번 19대 국회의원 총선도 젊은이들에게는 서울시장 보선처럼 오큐파이 무브먼트를 대신할 놀이판이 될지 궁금하다. 그들이 원하는 결과를 얻는다면 다시 한 번 분노를 잠재우는 씻김굿 역할을 할지 모른다.

하지만 선거를 치르고 나서도 기득권 세력의 방어벽이 더 공고해지고 변화의 가능성은 보이지 않는다고 비쳐진다면 한국에서도 오큐파이 무브먼트는 언제든 다시 불붙을 수 있을 거다.

— 〈매일경제〉 2012년 3월 20일 자 '매경포럼'

현직 대통령이 암살당했다. 1881년 7월 2일에 벌어진 일이다. 죽임을 당한 이는 미국의 20대 대통령 제임스 가필드. 수도 워싱턴DC 기차역 앞에서다. 백주 대로에서의 총격이었다. 취임한 지 4개월도 안 된 시점이었다. 남북전쟁을 끝내고 아직 광기가 넘쳐 있을 때라지만 현직 대통령이 총에 맞아 죽은 건 충격적인 참사였다.

더 황당한 건 피살 원인이다. 선거 캠페인 중에 도움의 대가로 자리를 보장해놓고 당선 뒤에 나 몰라라 했다는 이유였다. 처음부터 의회 민주주의를 채택한 미국에서도 공직 나눠 먹기는 이렇게 현직 대통령에게 총질을 할 정도로 양보할 수 없는 사안이었다. 당시 공직 나눠 먹기는 공공연했다고 전해진다. '엽관제'를 내놓고 써먹었다.

취지는 특권적인 관료제를 타파하자는 기치였다. 엽관제를 통해 관료들만의 공직 독점을 견제하자는 논리였다. 그렇지만 사냥 후 얻은 성과물을 나눠 갖듯 관직을 갈라 먹는 데 문제가 생기지 않을 리 없다. 돈으로 자리를 사고파는 독직과 정치 부패가 만연했다.

결국 엽관제를 대체할 대안을 마련했다. '메리트 시스템 merit system' 이었다. 실적제 또는 자격임용제다. 관직 임용이나 승진에 전문능력을 따져 하는 방식이다. 업무 전문성과 계속성을 확보하기 위해 공개 시험으로 공무원을 충원하고 이를 집행하는 별도의 인사기관을 둔다. 많은 나라가 이 제도를 속속 채택했다. 우리나라도 포함됐다. 관직은 메리트 시스템에 근간을 두고 충원했다.

하지만 교과서에나 나오는 얘기다. 현실은 그렇지 않았다. 독재 정권 시절이나 민주정부 때나 마찬가지였다. 선거를 통해 당선된 정권에서 오히려 더했다.

노무현정부 시절 청와대를 출입했던 기자는 당시 칼럼 2005년 11월 17일자 에서 이 문제를 거론했다. 이명박정부가 들어선 뒤에는 경제부장 때 썼던 칼럼 2010년 7월 2일 자 에 똑같이 지적했다. 부동산부장으로 일하는 지금 이 주제를 또 다루겠다고 나선 건 같은 일이 되풀이되고 있어서다.

3년 만에 재연되고 있는 글로벌 금융위기 여파에 나라 경제 걱정이 더 많지만 짚을 건 짚어야겠다. 최근 진행된 이명박정부의 인사 행태를 보면 해도 너무한다 싶다. 마치 기차 떠나버리면 끝이라고 판단한 듯 안달하는 꼴이다. 비겁하게 슬그머니 앉혀 놓고 가급적 쉬쉬한다.

지난여름 온 국민이 집중호우에 고통받고 있던 그 상황에서도 적지 않은 자리를 선거 캠프 출신이나 청와대 출신 혹은 특정 학교 동문들로 채워 넣었다. 방송광고공사, 보건산업진흥원, 석유관리원 등에는 수장을 보냈다. 주택금융공사, 예금보험공사, 마사회, 관광공사, 대한주택보증 등에는 감사 자리를 꿰차게 했다. 한국전력 사장도 의외의 인물을 보냈다. 민간기업 전문경영인 출신이라지만 그쪽 업무에는 문외한인데 단지 대통령과 같은 건설회사, 같은 학교로 인연을 맺은 사이다. 개인 이름을 구체적으로 거명하지 않겠다. 신문쟁이들 표현으로 아무리 '조져 봐야' 지명을 철회하지도 않을 테니.

누차 지적하지만 이런 비판에도 아랑곳하지 않고 내 사람 챙기기를 계속하려면 차라리 엽관제를 공식 선포하는 게 낫다. 그런 뒤에 선거 캠프든 청와대든 이 대통령을 도와 일했던 이들을 아예 '내놓고' 앉히시라. 분탕질의 결과는 나중에 나타날 거다. 이를 좋지 않게 보는 국민은 다음 선거에서 표로 보여 주면 된다. 당사자들도 그런 인연 때문에 임명됐다면 실컷 해먹고 나서 이 대통령 그만두는 날 함께 떠나시라. 정치적인 배경에 힘입어 자리를 차지했다면 정권이 끝나는 날 단 하루도 더 연연하지 말고 깨끗이 물러나야 한다.

— 〈매일경제〉 2011년 9월 28일 자 '매경데스크'

덕 봤던 뉴타운에 역풍 맞나

칼럼을 쓸 때 정치 문제를 다루는 건 꺼려왔다. 정책 전반을 관여하던 경제부장 시절에도 그랬다. 조심스러워서다. 부동산부장이지만 이번에는 정치 얘기 좀 해야겠다.

요즘 세간의 관심은 4·27 재·보궐선거에 쏠려 있다. 하지만 기자의 눈은 1년 후 치러질 국회의원 총선거에 가 있다. 2012년 총선도 2008년처럼 '경제 이슈'로 판가름 날지 궁금해서다.

2008년 총선 때는 미국에서 특파원으로 일하고 있어 투표도 못했다. 그런데 멀리서 들려온 선거 결과에 많이 놀랐다. 수도권에서 한나라당 압승 때문이었다. 싹쓸이 승리의 배경을 보고는 더 경악했다. 당시 여당의 거물은 텃밭 지역구를 버리고 아무 연고도 없는 동작구에 나섰어도 대대적인 환영을 받았다. 어떤 의원은 평소 조금도 관심을 기울이지 않다가 불과 열흘여의 선거운동만으로 노원구에서 당선됐다.

반면 386세대 야당 의원들은 전멸했다. 처음엔 유권자들이 그들의 오만함이나 무능함을 질타한 것으로 생각했다. 한나라당 후보들 됨됨이를 더 많이 인정해준 줄 알았다.

따져 보니 오판이었다. 뉴타운 덕분이었다. 2008년 총선에는 뉴타운 쓰나미가 불어닥쳤던 거다. 2004년 총선이 탄핵 역풍으로 도배된 것과 유사했다.

서울에서만 뉴타운을 걸고 당선된 의원은 여야 합쳐 28명에 달했다. 한나라당 소속 23명이 자기 지역구의 뉴타운 조기 착공이나 추가 지정 또는 확대를 약속했다.

유권자들은 뉴타운이라는 경제 이슈로 자신의 한 표를 행사했으니 떳떳했다고 생각했을 거다. 사실 서울 시내 뉴타운 사업은 2002년부터 시작됐다. 강남에 편중된 개발 효과를 강북과 전역으로 퍼지게 해 균형 발전시키자는 취지였다. 은평, 길음, 왕십리가 1차 지정 지구였다. 이명박 대통령이 서울 시장으로 일하던 시절이다. 이후 3차에 걸쳐 총 26개 지구로 늘었다.

하지만 부동산 시장 침체로 사업을 미루는 곳이 늘어났다. 재개발, 재건축을 해 봐야 집값이 오를 확신이 안 선 탓이다. 서울 시내 331개 구역 중에 85퍼센트가 착공도 못했다. 공사는 안 하면서 존치

지구로 묶어 건물 신증축을 막고 팔지도 못하게 했다.

이명박 대통령 역점 사업인 보금자리주택도 뉴타운 사업을 누르는 데 일조했다. 여기서 사달이 생겼다. 주민들 불만이 커졌다. 뉴타운 지구로 지정해 달라고 너도나도 표를 몰아줬다가 제 발등을 찍은 셈이다.

경기도에서는 주민들이 반대해 두 곳의 지구 지정 취소를 끌어냈다. 몇몇 지역에서는 취소 여부를 놓고 법정 다툼까지 진행하고 있다. 오세훈 서울 시장이나 김문수 경기지사는 "주민들이 다수결로 원할 경우 건축허가 제한을 해제하겠다"고 이미 손을 들었다.

감히 단언하건대 기자는 내년 총선 결과를 예측할 수 있다. 2008년 '경제 이슈'로 표를 던졌던 유권자들이 같은 기준으로 투표를 되풀이할 것 같아서다. 뉴타운 덕분에 2008년 선거에서 흥했다면 2012년 선거에서는 뉴타운 때문에 죽을 쑬 거라는 얘기다.

정치 정세 분석에 문외한인 기자가 이 정도로 내다보는데 당사자인 국회의원들은 오죽 달아올라 있을까.

급기야 의원들이 여야를 불문하고 나서 뉴타운 관련법을 뜯어고치려 한다. 주민 불만을 삭여 놓지 않으면 선거에서 혼날 게 뻔해 보여서다. 뉴타운 지정 해제를 쉽게 하고, 개발을 위해 활동했던 조합이 쓴 돈을 국고에서 메워주는 내용까지 담고 있다. 곪은 상처에서 고름이 터져 나오고 있는데 이제야 나선 꼴이다.

정치권은 처음부터 감당하기 힘든 종양을 만들지 말았어야 했다. 지키지도 못할 지역개발 공약을 남발하지 말았어야 했다.

뉴타운은 대통령의 대국민 사과까지 이어진 '동남권 신공항' 공약과 비슷하다. 획기적인 변화를 주거나, 안 된다 싶으면 과감하게 접어야 한다.

유권자들도 반성해야 한다. 아파트값 올려줄 거라는 기대에 앞뒤 가리지 않고 표를 몰아준 쓴맛을 보고 있는 거다. 다음 선거에서 비슷한 일을 되풀이하지 않아야 한다.

— 〈매일경제〉 2011년 4월 6일 자 '매경데스크'

▤ 이번 기회에 자리를 아예 없앨까요?

이건 비정상이다. 아무리 이해하려고 노력해도 납득이 안 간다. 평소 같으면 적잖게 주목을 끌었을 만한 공직 여러 자리가 비어 있다. 국무총리에서부터 차관보급 자리까지 다양하다. 정운찬 전 총리가 퇴임한 건 지난 8월 11일이었다. 한 달 하고도 일주일 동안 행정을 총괄할 국무총리 없이 보내고 있다. 김황식 감사원장이 이제야 후보로 내정됐지만 쓸쓸하다. 유명환 외교부 장관이 물러난 것도 벌써 2주일 전이다. 수장을 잃은 한국 외교는 비틀거리고 있다. 이재오 특임장관이 보궐선거 출마를 위해 물러난 국민권익위원장 자리는 지난 6월 이후 3개월 동안 비어 있다. 어윤대 씨가 KB금융지주 회장으로 가면서 내놓은 국가브랜드위원장도 두 달째 공석이다. 통화정책을 담당하는 금융통화위원 자리는 벌써 6개월째 비어 있다. 내부 승진으로 비워진 국세청 차장 자리도 후임 인선 없이 공석이다.

청문회에서 드러난 거짓말로 김태호 국무총리 후보자가 자진 사퇴한 건 8월 29일이었다. 쪽방촌 투기와 부동산 거래로 도덕성에 상처를 입은 이재훈 지식경제부 장관 내정자와 신재민 문화관광부 장관 내정자도 같은 날 물러났다.

그 후로 대한민국 공직사회 인사시스템은 얼어붙어 버렸다고 나는 단언한다. 인사권자인 대통령이 움츠러든 것 같다. 매번 인사 때마다 마음에 둔 후보를 밀어붙이면 된다고 생각했던 대통령은 청문회와 여론의 역풍이라는 장벽에 부닥치자 고심한 듯하다.

임태희 대통령실장이 제시한 공직 후보자에 적용할 200가지 인사 기준이 당사자들을 더 주저하게 만들고 있다고 전해진다.

구경꾼들은 제시된 200가지 잣대를 신선하다고 평가했다. 다른 쪽에서는 가혹하고 비현실적이라며 고개를 갸우뚱했다. 외제차를 사 봤느냐는 질문은 자리에 따라 통상마찰의 소지를 던질 수 있다. 정신병 관련 치료를 해 봤느냐는 질문은 심각한 사적 영역 침해라는 시비를 낳을 법하다.

중요한 건 논란만 벌이지 말고 실제 한 번이라도 적용해 봐야 한다는 거다. 공직 후보자들이 인사청문회에서 치부가 까뒤집혀 창피만 사고 낙마할까 봐 나서기를 꺼린다는 현실은 국민들을 우울하게 만든다. 아니 슬퍼지게까지 한다.

이명박 대통령은 내정했던 지식경제부와 문화관광부 장관 후보자들이 자진 사퇴하자 퇴임시켰던 장관들을 다시 불러 "당분간 유임시키겠다"고 말했다. 그렇지만 이미 교체하기로 했던 두 장관이 복귀했더라도 실제로는 비워져 있는 거나 다름없다.

나는 이런 꼼수가 대통령을 대신해 해당 업무 행정 권한의 책임을 주는 각료제도의 취지를 훼손하는 것이라고 감히 지적한다. 이 대통령은 국무총리 외에도 외교부 장관, 지경부 장관, 문화부 장관, 국민권익위원장, 국가브랜드위원장, 금통위원, 국세청 차장 등 '공석'이거나 '사실상 비어 있는' 공직 자리를 하루라도 빨리 채워야 한다. 이 많은 자리를 비워 두고도 국정 수행에 차질이 없고 국민 생활에 불편이 없다고 자신하는가. 만일 그렇게 생각한다면 이번 기회에 이들 자리를 없애버려야 한다고 주장하고 싶다. 누군가 자리를 차지하고 있을 때나 비워 둘 때나 별 차이가 없다면 그들에게 지급되는 국민 세금만 축내는 것 아니냐는 지적에 뭐라고 반박할까.

백 번 양보해서 해당 자리에 누가 있느냐 없느냐에 상관없이 시스템이 잘 굴러가는 것이라면 할 말이 없다. 대한민국 공직사회가 그렇게 정교하고 체계적이라면 누구를 앉히냐는 중요하지 않다는 의미일 수 있다. 뒤집어 말하면 공직사회의 인사가 국민들에게 관심을 끌지 않게 된다는 얘기다. 공직에 누가 오는지 언론에서 검증할 필요도 없고 굳이 도덕성 시비를 걸지 않아도 되는 태평성대 같은 시절을 국민들은 기다리고 있다.

— 〈매일경제〉 2010년 9월 17일 자 '데스크칼럼'

지금은 경제신문에서 일하지만 기자의 대학시절 전공은 정치학이었다. 대학에 처음 들어갔을 때 정치라는 게 뭔지, 정치학이라는 학문이 뭔지 몰랐다. 돌아가신 이극찬 선생님의 명저《정치학》책에 밑줄을 그어가며 공부했다. 이극찬 선생님은 머리말에서 "정치학자의 수만큼 정치학이 있다"고 했다.

아리스토텔레스와 플라톤 같은 고대 철학자들의 명구에서 정치의 의미를 끌어낸 학자들이 있었다. 현대에 이르러서는 오르테가 이 가세트Ortega y Gasset의 대중론이나 라이트 밀스C. Wright Mills의 파워엘리트론으로 연결됐다.

여러 학설 가운데 신참 정치학도의 눈길을 잡은 이는 데이비드 이스턴David Easton이었다. 그는 저서《정치체계론》에서 명쾌하게 정리했다. 정치란 "한 사회에서 가치value를 권위적으로 분배authoritative allocation하는 일"이란다. 기자로 20여 년을 보낸 요즘도 이스턴의 정리에는 무릎을 칠 만큼 공감한다.

미국의 정치학자 해럴드 라스웰Harold Lasswell도 "정치란 제한된 자원을 어떤 방식으로 누구에게 나눠주느냐의 문제"라고 동조했다.

이들의 정의에는 두 가지 요소가 핵심이다. 나눠줄 대상인 가치 있는 자원이 있다는 것과 권위를 가진 주체가 그것을 해야 한다는 점이다.

가치를 갖는 자원이라면 당연히 많지 않아야 한다. 희소성을 말

한다. 돈이든 물건이든 자리든 누구나 갖고 싶어 하고 갖기 힘들어 다툼을 벌여야 할 지경이어야 한다.

배분은 권위적 힘을 가진 주체가 해야 한다. 권위적이란 구성원들에 의해 구속력과 힘을 인정받는다는 의미다.

지난달 말부터 열풍처럼 불고 있는 대기업과 중소기업의 상생 협력 방안을 보면서 기자는 이스턴의 정치에 대한 정의를 다시 떠올렸다. 그리고 교과서에서 배웠던 '정치'의 역할에 대해 많은 기대를 하고 있다.

대·중기 상생을 대통령이 챙기니 모두 바쁘다. 경제팀 장관들은 한 술 더 떠 기업들을 옥죈다.

권위를 가진 주체가 나선 때문인지 마른 수건 짜는 식으로 협력·하도급 업체를 몰아붙이던 대기업들은 속속 성의를 표하고 있다. 삼성, 현대차, LG, 포스코 등 뒤질세라 연일 새 방안을 내놓는다. 1차 협력 업체 범위를 확대하고 2, 3차 협력업체에도 현금 결제를 늘리겠다고 하는가 하면 저리로 자금 지원도 하겠단다.

이 대통령은 최근 들어 '서민들도 노력하면 성공할 수 있고, 중소기업도 열심히 한 만큼 대가를 얻을 수 있는 사회가 건강하고 꾸준히 성장할 수 있는 사회'라고 부쩍 강조한다. 11일 비상경제대책회의에서는 "힘 있는 사람들이 공정하게 해 약자가 숨 쉬며 살 수 있는 사회를 만들어야 한다"고 말했다.

이번 8·15 경축사에서의 국정 운영 메시지도 기회의 평등과 공정한 경쟁을 강조하고 부자와 대기업의 '배려'와 '노블레스 오블리

주'를 주문할 예정이라고 한다.

일각에서는 정부가 대·중기 상생 방안을 몰아붙이는 데 대해 또 다른 포퓰리즘이라고 비난을 퍼붓는다. 기자는 이런 지적에 결코 동의하지 않는다. 그동안 몇 번의 칼럼에서 대통령이나 집권당 정책에 좀처럼 박수를 보내지 않았지만 이번에는 적극 밀어주고 싶다.

한국의 기업 구조에서 '갑'의 자리에 있는 대기업들이 자발적으로 하도급 업체들에 자기들이 먹을 걸 내놓을 리 없다. 그동안 역대 정권마다 대·중기 상생을 요구했지만 무위였다. 이번에 다시 열풍이 몰아친 걸 보면 얼마나 실질적인 효과를 거두지 못했는지 여실히 보여준다. 대기업들이 이번에도 한순간 불고 있는 태풍 피하듯 대응한다면 실망이다. 정부도 박수 좀 받는다고 우쭐하다 그치면 안 된다.

이 대통령과 해당 부처 장관들이 이번만큼은 제대로 해냈으면 좋겠다. 국민들이 시원하게 느끼게 해줬으면 한다. 정치란 한정된 가치를 제대로 배분하는 일이라는 것을. 왜냐하면 그들에게는 권위적 분배를 할 수 있는 힘이 있으니까.

— 〈매일경제〉 2010년 8월 13일 자 '데스크칼럼'

지나간 일이지만 옛날 얘기 좀 해야겠다. 요즘의 인사 관련 때문이다. 참여정부 중반이던 2005년 벽두 노무현 대통령은 장관 몇 명을 교체했다. 바뀔 거라고 예상했던 이헌재 재경부 장관은 유임됐고, 전혀 거론 안 된 안병영 교육부 장관을 경질했다. 후임은 이기준 전 서울대 총장이었다.

언론의 반응은 차가웠다. 이 전 총장에 대한 기사가 쏟아졌다. 재산문제, 병역문제, 학문적 업적 등 도덕성과 연결된 이 전 총장의 치부가 드러났다. 그는 일주일여 포화를 맞은 끝에 낙마했다. 노 대통령과 비서실장을 포함한 참모들에게 책임론이 제기됐다. 참여정부는 임기 절반을 남겨둔 상태였는데도 절름발이 오리 레임덕로 추락해 버렸다.

기자는 그 전후 청와대를 출입하면서 이기준 인사 파동이 노 대통령의 국정 운영에 큰 획을 그은 사건이었음을 절감했다.

취임 후 기존 언론과 긴장관계를 유지하겠다며 거리를 뒀던 노 대통령은 2004년 말부터 참모들에게 슬그머니 언론과의 막후 접촉을 용인하기 시작했다. 비공식 만남이 활발해졌다. 그전까지 언론을 '소 닭 보듯' 하던 태도와 180도 달라졌다.

그러나 조금씩 녹아가던 분위기가 이기준 인사 파동으로 싸늘하게 식어버렸다. 노 대통령과 참모들은 더 움츠러들면서 막후 접촉을 접었고 담을 더 높게 쌓았다. 언론은 아무리 좋은 정책에도 비판의 칼을 댔다. 참여정부는 치르지 않아도 될 비용을 덤으로 썼다.

5년 반 전의 상황을 꺼낸 건 이명박 대통령과 참모들에게 감히 조언 한마디 하려는 취지에서다.

기자는 대통령의 인사권 행사에 무조건 딴지를 걸어서는 안 된다는 입장이다. 대통령을 보좌하는 비서관이나 수석은 마음에 맞는 이들을 재량껏 기용해야 한다고 본다. 눈빛만 봐도 알 수 있는 부하를 곁에 두고 있다면 일은 훨씬 잘 굴러갈 수 있다.

반면 장차관, 법관 같은 관직은 안배할 필요가 있다. 지역, 세대, 성별 등을 적절히 배합하고 힘 약한 세력도 끌어안아야 한다. 공기업이나 공공기관 같은 정부의 영향력 아래 있는 곳의 인사에도 탕평과 '수위 조절'이 있어야 한다.

KB금융지주 회장에 어윤대 전 고려대 총장이 선임된 뒤 쓴소리가 끊이지 않는다. 민간 금융회사의 최고경영자 자리인데도 청와대와 이 대통령의 뜻이 반영된 거라는 비판이다. 이 대통령과 그의 사적 인연 때문일 거다.

돌아보면 MB정권 초기에도 인사 때마다 '강부자', '고소영' 등의 비아냥식 조어가 유행했다. 천성관 전 검찰총장 내정자 청문회 때 이미 '스폰서 검사'라는 오명이 국민들에게 익숙해졌다.

이 대통령은 그때마다 '덜 때 묻은' 다른 사람으로 바꿔 넘어가면 된다는 식으로 대응했다. 국민들이 그걸 받아들이는 것으로 생각한 지 모르겠다. 그러나 인사를 우습게 보면 결코 국정 운영에 성공할 수 없다. 지난 6·2 지방선거의 표심도 그렇게 나타났다.

이런 비판에도 아랑곳하지 않고 '내 하고 싶은 대로' 인사를 하려 한다면 차라리 엽관제를 공식 선포하라고 권하고 싶다. 관직을 놓고 사냥에서 짐승을 잡으려고 서로 다투는 듯 하는 거니 모양은 안 좋다. 1860년대 미국의 마시라는 상원의원이 말한 것처럼 '전리품은 승리자의 몫 to the victor belongs the spoils'이라는 생각의 연장이다.

공직에서부터 민간 부문에 이르기까지 대통령과 정부의 영향력 행사가 가능한 자리라고 전리품 나누듯 쓸어가려면 아예 엽관제를 선포한 뒤 내놓고 자기 사람을 앉히라는 얘기다. 대신 정권이 끝날 때 함께 물러나면 된다. 그게 되레 떳떳하다.

중남미 방문을 마치고 귀국할 이 대통령이 청와대와 장관급 인사에서 어떤 카드를 내놓을지 지켜보자.

— 〈매일경제〉 2010년 7월 2일 자 '데스크칼럼'

한·미 관계와 미국

.
.
.

📚 미국에 더 당당해야 하는 이유

지난달 한·미 관계 세미나 참석을 위해 미국 워싱턴DC에 갔다
가 귀중한 논문 한 편을 발견했다. 한국의 신예 학자 함병춘 박사가
1964년 10월 〈포린어페어스 Foreign Affairs 〉에 기고한 칼럼이다. 〈포린어
페어스〉는 미국 외교협회에서 발행하는 전문지로 국제관계 분야에
서 최고의 권위를 인정받는다.

함 박사는 27세였던 1959년 하버드대에서 법학박사 SJD 를 받은
뒤 연세대에서 교수로 재직 중이었다. 아쉽게도 1983년 아웅산 테러
로 순국했는데 함 박사처럼 미 전문지에 제 목소리를 낸 한국 학자를
이후에도 좀처럼 찾기 어렵다.

제목은 '한국의 구걸 행태? Korea's Mendicant Mentality?'다. 한국이 탁발승들의 시주 구걸하는 듯한 정신자세라는 말이냐는 반문과 함께 미 조야의 인식을 조목조목 반박하는 내용이다. 우리 입장에서는 부끄럽도록 자조적이지만 미국을 향해서는 도발적이면서 떳떳한 주장을 펼친다.

함 박사는 한 모임에서 미군 고위 관계자로부터 모욕적인 이야기를 들었다며 글을 시작했다. 1945년 이후 미 국민 혈세를 한국 같은 가난한 나라에 수십억 달러나 쏟아부었는데 언제까지 미국 원조에만 의존할 것이냐며 빨리 자립하라고 했다는 것이다.

함 박사는 이에 대해 한국에 건넨 원조가 우리만을 위해 쓰인 게 아니라 일본, 대만, 필리핀을 향한 공산진영의 침략과 확장 공세를 방어했고, 태평양 지역에서 미국의 이익에도 부합하게 쓰였다고 반박했다. 그런데도 한국을 국제적인 거지처럼 취급하는 모욕감을 감출 수 없다고 통탄했다. 북한과 휴전선을 맞대고 방어하는 한국은 충분한 역할을 하고 있으며 그에 상응하는 원조를 받을 자격이 있다고 역설했다.

52년 전 젊은 정치학자의 일갈은 지금도 귀담아들을 만한 뼈 있는 주장이다. 오늘의 버전으로 바꿔 해석해보면 이렇다. 미국은 마음속에 담고 있는 한국에 대한 업신여김을 버려야 하고, 한국은 미국에 지나치게 굴종하는 자세에서 벗어나야 한다.

한국은 미국의 7개 동맹국가 중 하나다. 하지만 북대서양조약기구NATO로 포괄되는 유럽나라들이나 일본, 호주에 비해 제대로 대접을 받는지는 워싱턴DC 외교가를 다녀보면 쉽게 알 수 있다. 한·미 관계를 분석해 온 학자는 미국에 '예스'만을 외쳐 온 한국정부와 외교관들 때문이라고 목소리를 높였다. 형님으로 모시겠다고 고개 숙이는 한국을 되레 멸시하고 깔본다는 것이다. 미국인들은 무조건 수용만 하는 줏대 없는 상대보다 탄탄한 실력을 갖추고 합리적인 의견을 제대로 펼치는 상대에게 호감을 갖고 존중하는 성향이 있다는 것이다.

개인 관계와 인연을 중시하는 중국에는 형님외교가 통할지 모르지만 미국에는 실력외교가 절실한데 그동안 어떻게 해 왔는지 돌아보자. 외교부의 주류 세력임을 자부하며 대미 외교를 맡아 온 북미스쿨 출신들이 어느 쪽에 가까운 행태를 보여 왔는지 스스로 잘 알 것이다.

지난달 말 장승화 세계무역기구wto 상소기구위원 연임을 미국이 나 홀로 반대한 건 보호무역주의로의 회귀나 자국 이익에 불리한 몇몇 판결에 대한 불만을 떠나 양국 관계에서 한국을 대하는 고압적인 태도가 고스란히 녹아 있는 사건이다.

한국산 세탁기에 대한 반덤핑 분쟁에서 미국이 패소해 WTO 상소에 들어갔는데 관련업계 보호를 위한 극단적인 행동이라는 분석도 있으니 황당하다.

미국의 사드고고도미사일방어체계 한반도 배치 문제에 오락가락하는 우리 정부 모습 속에는 '예스'만 외쳐 온 DNA가 본능적으로 작동한 듯하다. 연초 북한의 4차 핵실험과 장거리미사일 발사 직후 분위기가 고조됐을 때도 신중했는데 갑자기 주요 7개국 G7 정상회의와 미·중 전략대화 등을 거치며 격화된 미·중 간 패권 경쟁에 우리가 춤을 추는 형국이었다. 사드 배치가 설사 우리 국익과 안보에 도움을 준다 해도 전략적으로 먼저 나서서 애원하듯 할 일은 아니다.

고분고분하던 작은 나라가 갑자기 고개를 들고 엉길 수는 없다. 사소한 일로부터 미리 습관을 들여야 한다. 미국에 평소 당당하게 따져야 국익을 위해 정작 중요할 때 목소리를 낼 수 있다.

— 〈매일경제〉 2016년 6월 9일 자 '매경포럼'

북한 옥죄기냐 달래기냐 결단해야

북한 미사일 발사에 허둥댔던 경험이 있다. 2006년 7월이다. 워싱턴 특파원 일을 시작한 지 일주일도 안 된 시점이라 뭐가 뭔지 몰랐다. 위성 발사 명분이었지만 장거리 미사일 실험이었다. 3개월 후 이어진 핵실험은 하나로 묶여 있던 패키지였다.

3년여 임기를 마칠 무렵인 2009년 5월에도 북한은 똑같이 반복했다. 두 번째엔 허둥대지 않았다. 북한이 도발할수록 미국은 더 적극 협상에 나설 것이라는 선입견이 한몫했다. 그게 북한의 노림수였다. 호된 벌로 응징할 듯하던 부시 행정부가 오히려 막후에서 더 열심히 조율을 벌였기 때문이다. 2007년 초 북·미 간 베를린 협의에 이은 2·13합의를 보며 얻은 교훈이었다.

2009년 이후 북한에 대한 미국의 대응 태도는 달라졌다. 오바마 정부는 전략적 인내라는 용어로 포장한 뒤 사실은 무시하고 외면했다. 중국과 러시아도 동조해 유일한 북핵 논의 창구였던 6자회담은 장기 표류 중이다.

이번 설 연휴 중 감행된 북한 미사일 발사는 여러 판을 흔들고 있다. 유엔 안전보장이사회가 즉각 소집됐고 국제사회의 비난 성명이 잇따랐다. 한·미·일은 대응카드를 기민하게 내놓고 있다. 한·미는 주한미군의 고고도미사일방어체계 THAAD 배치 협의 공식화를 선언했다.

한·일 간에는 눈치 보던 군사협정 체결에 속도를 내기로 했다. 커티스 스캐퍼로티 주한미군 사령관의 건의라지만 속도를 붙인 사드 배치는 그동안의 신중 모드를 한 방에 뒤엎는 중요한 결정이다. 1기가 한반도의 3분의 1에서 2분의 1 정도만 방어한다니 추가 배치는 시간문제다.

중국은 김장수 주중 대사를 초치해 엄중 항의했다. 북한의 핵실험 후 서먹해지고 있던 한·중 관계에 확실한 찬물이 끼얹어졌다. 미국 눈치를 보며 작년 톈안먼에 가서 시진핑과 우의를 다졌던 박근혜 대통령의 망루외교가 심하게 흔들리고 있다.

정부는 초강수로 맞서고 있다. 남북 간 최후 보루인 개성공단 가동을 전면 중단키로 전격 결정하고 오늘부터 기업인들을 전원 철수시킨다. 여야는 한목소리로 비난 수위를 가득 높였다. 문제는 앞으로다. 진영논리로 책임 공방을 펼칠 거다. 안보 문제로 부각되면 이른바 북풍으로 작용할 수 있고 총선 판세를 흔들지도 모른다.

이렇게 한·미 관계, 한·중 관계, 총선까지 흔들 위력이니 이번 북 도발은 나비효과 정도를 뛰어넘어 쓰나미 그 자체다.

그동안 취재 경험에서 얻은 북핵 대응책은 두 가지로 본다. 달랠 건가 아니면 고사시킬 건가다.

달래는 건 철저한 현실론이다. 2006년 이후 북한이 네 번씩이나 분탕질을 했지만 막지 못한 비용이다. 도발하면 응분의 대가를 치르게 할 것이라고 매번 호언했지만 실은 속수무책이었음을 인정하는 것이다.

배 째라고 덤비는 망나니를 받아주는 거니 자존심이 몹시 상하지만 공생과 평화를 가져다준다면 생각해볼 수 있다. 그러려면 평양과 워싱턴이 대타협을 해야 한다. 정전 체제를 평화 체제로 전환하고 북·미 관계 정상화와 북한의 핵 포기를 맞바꾸는 방식이다. 이란이나 쿠바처럼 북한 체제를 인정하고 국제사회에 끌어들이는 것이다.

고사시킬 거라면 2005년 취했던 방코델타아시아_{BDA} 금융 제재식으로 북한과 김정은의 달러금고를 옥죄어야 한다. 중국을 움직이도록 해 북한에 지원되는 석유 공급도 막아야 한다. 핵과 미사일을 가진 북한이 저항할 수 있으니 국지적 충돌에 이은 전면전을 감수해야 할지도 모른다.

최근 유엔도 내부 보고서에서 실토했듯이 지난 10년간 북핵 정책은 실패한 게 맞다. 북한이 핵과 미사일로 과시하기 전에 미리 달래서 끌어낼 건지 날뛰지 못하게 옥죄어서 고사시킬 건지 입장을 진작 정리했어야 한다. 둘 중 어느 카드를 택할지 딜레마에 빠져 있는 것인지 아니면 무대책이었는지도 솔직했어야 한다. 외교라는 게 한 깃발만 꽂고 돌진하는 게 아니라 상황에 맞춰 뒤섞어야 하지만 북핵 문제엔 도무지 안 통했으니 하는 말이다. 3년쯤 후 북한이 똑같은 도발을 반복하기 전에 이번엔 한쪽 카드를 냉정하게 선택해야 한다.

— 〈매일경제〉 2016년 2월 11일 자 '매경포럼'

📚 박 대통령, 미국 가면 꼭 챙겨야 할 일

올여름 아이비리그 코넬대를 졸업한 친구 딸은 미국 기업에 당당하게 취업했다. 그런데 노심초사하고 있다. 내년 4월 전문직 비자 추첨에서 행운을 거머쥐지 못하면 한국으로 돌아와야 하기 때문이다. 학교에서 쌓은 지식을 현장에서 써보지 못할 수 있다는 안타까움에 발을 구른다. 남의 나라에서 일하려니 실력 있어도 이런 장벽이 가로막고 있다는 서러움에 더 마음 아파한다.

미국 정부는 외국인 전문인력에 대해 취업비자 H-1B를 매년 8만 5,000개 배정한다. 학사나 그 이상 학력을 대상으로 하는 직종이다. 매년 4월 1일부터 접수하는데 올해엔 23만 3,000명이 신청했다. 무작위 추첨으로 결정하지만 조건을 잘 맞춰야 한다. 수학, 과학에 강한 인도와 중국 출신이 전체 중 60퍼센트 이상을 가져간다. 기술이나 공학 분야도 유리하다.

한국 학생에게는 3,000개 정도 배정된다. 한국 유학생 중 수학·과학·기술·공학 전공자는 전체 중 20퍼센트에 그치니 출발부터 불리하다. 다른 아시아 국가 학생의 이공계 비중은 평균 42퍼센트다. 한국 유학생은 8만 7,000여 명으로 외국인 유학생 가운데 9.5퍼센트를 차지하는데 전문직 취업비자를 받는 건 1.9퍼센트에 그치니 엇박자다.

미국은 자유무역협정 FTA을 체결한 나라에 전문직 비자쿼터를 선물로 줬다. 캐나다와 멕시코에는 쿼터 제한을 아예 풀었다. 호주에는 E-3비자 1만 500개, 싱가포르와 칠레에는 H-1B비자를 각각 5,400개, 1,400개 배정했다. 의회 권한이었는데 행정부에 한동안 위임했다가 다시 찾아가 버렸다.

호주는 미국과 2004년 5월 FTA를 체결하고 10개월에 걸쳐 의회와 별도 협상을 벌여 전문직 비자쿼터를 확보해냈다. 당시 존 하워드 호주 총리와 빌 프리츠 상원 법사위원장이 대학 동문이라는 개인적인 관계가 크게 한몫했다.

우리는 호주의 1만 500개와 비교하며 경제 규모 등으로 볼 때 그보다 많이 배정받아야 한다는 논리를 폈다. 2008년 에니 팔레오마베가 하원 동아태소위원장이 한국에 쿼터 2만 개를 배정하자는 법안을 제출했지만 처리되지 못했다. 2013년에 상하원에 각각 비슷한 법안이 다시 발의됐으나 무산됐다. 현재도 하원에 '한국과 동반자 법 Partner with Korea Act-HR1019'이라는 법안이 계류돼 있다. E-4비자를 매년 1만 5,000개 주는 내용이다.

주미 한국대사관은 전문직 비자쿼터 법안 처리를 위해 2012년 170만 달러를 로비스트 고용에 썼다. 그 후엔 얼마씩 지출했는지 듣지 못했다.

여건은 만만치 않다. 전문직 비자쿼터 법안이 미국 행정부와 의회 간에 줄다리기 중인 이민개혁법안과 얽혀 있어서다. 일부 의원은 전문직 비자쿼터를 별도 법안이 아닌 통합이민법안에 포함시키면 된다고 주장한다. 글로벌 금융위기 후 미국 경제가 살아나고 있다 해도 외국인 전문인력이 미국인들 일자리를 빼앗아간다는 국수주의적인 목소리가 아직 있다.

박근혜 대통령은 2013년 5월 방미 때 워싱턴DC 동포들과 만나 전문직 비자쿼터 확보를 미국 의회와 협의하고 있다고 말한 바 있다. 그때 썼던 칼럼에서 이번과 똑같은 주문을 했다. 그 1년 전인 2012년 4월에도 같은 얘기를 한 적이 있다.

박 대통령은 다음 달 미국에 가면 의회 지도부와 만나 전문직 비자쿼터 법안 처리를 구체적으로 요청하고 외교부와 주미 대사관에 후속 조치를 지시해야 한다. 로비를 위한 예산도 늘려 힘을 실어주길 바란다. 정의화 국회의장이 올 3월 미국 존 베이너 하원의장을 만나 전문직 비자쿼터 법안 통과에 힘써 달라고 요청했을 때 개인적으로 열렬한 박수를 보냈다. 이런 게 바로 의원외교이기 때문이다.

한·미 FTA가 양국 행정부 간에 타결된 지는 8년, 의회에서 비준된 지 3년 지났다. 우리 정부는 한·미 FTA를 성사시키면 전문직 비자쿼터라는 부대 선물이 있다고 협상 초기부터 내세웠다. 국민에게 한 그 약속을 지켜야 한다.

정상의 방미외교에서 한·미 동맹 강화도 중요하지만 국민 실생활에 도움이 되는 성과를 거두는 게 훨씬 돋보이고 와 닿는다. 박 대통령이 다음 달 미국 방문을 통해 전문직 비자쿼터 하나만 따와도 대성공이다.

— 〈매일경제〉 2015년 9월 8일 자 '매경포럼'

한·미원자력협정 미국 내 업계를 활용하자

지난 7월 하순 미국 내 세 개 경제단체가 한 통의 편지를 띄웠다. 원자력에너지협회, 전미제조업협회, 상공회의소 공동 명의다. 수신인은 존 케리 국무장관과 어니스트 모니즈 에너지부 장관. 내용은 이렇다. 미국이 다른 나라와 맺은 양자 간 원자력협정에 담긴 우라늄 농축과 재처리 규정에 보다 실용적인 접근을 해 달라는 것이다.

미국은 1954년 제정된 원자력에너지법에 의거해 이후 50개 국가와 원자력협정을 맺었다. '123협정'으로 불린다. 1954년에는 원자력에 관한 한 미국이 독점적인 공급자였다. 이후 경쟁자들이 출현했다. 러시아, 프랑스, 일본 등이 미국 몫을 빼앗아갔다. 한국도 가세했다. 한국은 중요한 부품공급자 노릇도 한다. 스리마일사고로 신규건설을 중단한 지 34년 만에 버락 오바마 대통령이 미국 조지아 주에 세우기로 한 원전에는 두산중공업에서 만든 원자로가 쓰인다. 기술과 부품으로 엮인 업체들은 시장확대라는 목표를 향해 이미 한배를 타고 있다.

세 개 단체가 보낸 편지는 한·미원자력협정에 대해서도 언급한다. 핵연료 저장시설 확충과 재처리를 위해 기존 한·미원자력협정 개정을 원한다는 한국 상황을 이해한다고 했다. 이젠 미국에도 주요 부품 공급자이자 파트너인 한국 측에 신뢰관계를 계속 유지하려면 시의적절하게 한·미원자력협정이 갱신돼야 한다는 점을 강조했다.

이들 편지가 발송되고 이틀 후인 7월 24일 미국 하원 외교위원회에서는 2014년 3월 19일로 예정된 한·미원자력협정 만기를 2년 연장하는 개정법률안을 가결 처리했다. 양국 행정부는 일단 만기를 연장해 놓고 3개월마다 추가 협상을 벌이기로 했다. 쟁점에 진전을 보지 못하자 지난 4월 말 박근혜 대통령 방미를 앞두고 정상회담에서 껄끄러운 안건을 피하기 위해 덮기로 한 것이다. 사실 2010년 10월 1차 협상 후 1년 4개월간 허송세월했다. 아무리 이명박정부 말기였다지만 청와대도 외교부도 책임 있게 챙기지 않았다. 사용한 핵연료에서 플루토늄을 추출하는 '재처리'와 핵연료 자체 생산을 위한 '우라늄 농축'이 허용되기를 우리가 원했는데 미국이 완강하게 버텼다.

외국과 맺은 협정은 정부 간 협상으로 바뀌지만 의회 승인을 얻어야 한다. 미국이나 우리나 마찬가지다. 이런 관행에 이미 익숙한 미국에서는 업체들이 나서서 의원들을 설득한다. 우리가 한·미원자력협정 개정을 원했다면 미국 업계에도 미리 공을 들였어야 했다. 일본은 당장 원자력협정 개정과 상관없는데도 지난해 도시바를 내세워 미국 우라늄 농축회사에 자본을 투자했다. 민간기업이 나섰지만 일본 정부의 큰 그림 속에서 나온 결정이라고 관련 업계에서는 보고 있다. 이런 인연 맺기가 미국 업계에 우호적인 분위기를 조성하고 궁극적으로 의회를 움직이게 하는 데 긍정적인 작용을 하는 고리를 일본은 알고 있다.

한·미원자력협정은 2년 연장됐으니 2016년 3월이 다시 만기다. 그해 11월에는 미국 대선이 치러진다. 민주, 공화 양당은 연초부터 후보 경선에 휩싸인다. 의회의 레임덕 세션 _{정권 말에 열리는 의회 회기}은 앞당겨질 것이고, 심의에 필요한 90일 규정 등을 감안하면 2015년 여름휴가 전에 협상을 마쳐야 한다.

온 나라가 세제개편안에 따른 증세와 월급생활자·중산층 지갑털기 논란으로 뜨겁다. 야당은 국정원 댓글 선거 개입에다 세금 문제를 더해 장외로 나갔다. 그래도 한쪽에서는 제 분야에서 묵묵히 사과나무를 심는 이들이 있어야 한다.

업계와 관료들은 한·미원자력협정에 대한 시간 계획과 전략을 다시 짜보기 바란다. 한·미원자력협정에 실용적 접근을 주문한 미국 내 업계를 최대한 활용해야 한다. 우리 업계도 손 놓고 있지는 않았는지. 연회비 80달러만 내면 누구에게나 열려 있는 미국 원자력에너지협회 _{Nuclear Energy Institute} 에 우리 쪽 업체나 연구소가 몇 곳이나 가입했는지 궁금하다.

— 〈매일경제〉 2013년 8월 13일 자 '매경포럼'

미국 대통령 선거를 보면 두 가지가 떠오른다. 첫째는 2008년 최초의 흑인 대통령, 버락 오바마 등극 과정이다. 마침 그때 워싱턴 특파원으로 현장을 지켜봤다. 오바마는 본선에서 공화당 존 매케인과의 싸움보다 힐러리 클린턴과 벌였던 민주당 내 후보 경선에서 내공을 제대로 보여 줬다. 그해 8월 27일 콜로라도 주 덴버 전당대회장에서 힐러리가 공식 후보자 호명투표의 개표 중지 및 만장일치 투표를 제안하며 종지부를 찍었던 모습이 생생하게 기억난다.

오바마는 이미 6월 3일 후보 지명에 필요한 대의원 매직넘버 2,118명을 넘겼지만 힐러리는 계속 버티다 그때서야 두 손을 들었다. 지역별로 뽑는 선출직 대의원pledged delegate과 별도로 당내 주류 집단인 당연직 대의원super delegate이 판세에 중요한 영향을 미치는, 숨어 있는 규정도 뒤늦게 알았다.

두 번째 추억은 워너브라더스가 제작해 NBC에서 방영했던 미국 드라마 〈웨스트 윙〉이다. 노벨 경제학상을 받은 경제학자 출신 제드 바틀릿 대통령과 그의 참모진이 보여 주는 흥미진진한 정치판 얘기다. 인상적인 대목은 바틀릿 대통령의 보좌진 가운데 백악관 비서실 차장이었던 조시 라이먼이 무명의 상원의원인 매트 산토스라는 멕시코계 히스패닉 정치인을 내세워 다음 대통령 선거에서 승리한다는 설정이다.

방송이 나가고 약 4년 후에 히스패닉이 흑인으로 바뀔 뿐 소수 인종 출신 대통령이 실제로 실현되는 놀라운 일이 벌어졌다.

플로리다, 노스캐롤라이나 등 다섯 개 주에서 치러진 '미니 슈퍼 화요일' 경선으로 미국 대선의 각 당 후보 윤곽이 더 좁혀졌다. 민주당 선두 주자 힐러리 클린턴은 8년 전과는 달리 노회하고 때 묻은 이미지가 물씬 풍긴다. 공화당 선두 주자 도널드 트럼프는 도발적이고 극단적인 언행에 더 불을 붙여 급기야 자신의 유세장에서 백인 대 히스패닉·흑인 간 유혈 난투극까지 유발했다. 트럼프라는 돌출형 정치인 때문이지만 미국 대선 캠페인에 모욕과 조롱, 폭력까지 난무하는 걸 보면서 당혹감을 감추기 어렵다.

불법 이민, 총기 규제, 반무슬림 정서, 히스패닉, 흑인 등 2016년 대선에도 2008년 대선 캠페인의 데자뷔, 즉 기시감이 뚜렷하게 투영된다. 그 바닥에는 드라마 〈웨스트 윙〉의 추억이 짙게 깔려 있다.

— 〈매일경제〉 2016년 3월 16일 자 '필동정담'

≋ FTA 뒤집어 보기

자유무역협정 FTA 에 관한 한 인연이 깊다고 자신한다. 워싱턴 특파원 시절인 2007년 6월 30일 워싱턴 하원 캐넌 빌딩에서 열린 한·미 FTA 서명식도 눈앞에서 지켜봤다.

우리 무역은 2014년 1조 987억 달러로 세계 아홉 번째다. 수출만 따지면 7위다. 1조 달러 이상 교역국은 아홉 개뿐이다. 미국, 일본, 중국, 독일, 프랑스, 영국, 이탈리아, 네덜란드 그리고 한국이니 자부심을 가질 만하다.

정부 차원에서 FTA 로드맵을 처음 작성한 건 2003년이었다. 일본·멕시코·아세안 등이 단기, 미국·중국·유럽연합EU은 장기 추진 대상으로 분류됐다. 정작 일본·멕시코와는 아직도 체결하지 않았고 나머지는 다 이뤄냈으니 계획과는 정반대다.

FTA는 기본적으로 체결국에만 유리한 이기적인 장치다. 장벽을 해제하니 새로운 무역 창출이라는 긍정 효과를 가져온다. 양자든 다자든 끼리끼리 손잡아 비체결국보다 시장을 선점하면 된다. 반면 다른 편에서는 기존의 교역을 쫓아내는 구축驅逐이나 차별 같은 부작용도 낳는다. FTA를 맺은 나라와의 혜택을 좇아 이전에 비체결국과 해오던 무역을 회원국으로 대체하기 때문이다. 이를 무역 전환이라고 부른다. 일부 학자는 이런 점에서 자유무역협정Free Trade Agreement이 아니라 특혜무역협정Preferential으로 불러야 한다는 주장을 편다.

한국도 쓴 경험을 했다. 멕시코가 일본과 FTA를 맺고 난 뒤 그때까지 수입하던 한국산 타이어를 일본산으로 대체했다. 25퍼센트의 관세가 사라진 후 한국산보다 비쌌던 일본산의 소비자가격이 더 싸져버렸으니 바꿀 수밖에.

환태평양경제동반자협정TPP에 한국이 빠진 것을 놓고 판단 실패라거나 실기했다는 비판이 거세다. 박근혜 대통령이 미국에 가서 TPP 참여를 공식화하고 돌아왔지만 한발 늦은 건 사실이다. 어차피 1차 가입국들에서 비준돼 발효 후 추가로 받을 테니 꼼꼼한 전략을 짜서 들어가는 게 더 중요하다.

우리의 TPP 득실을 따져보자면 당장은 누적원산지 규정 때문에 생길 역차별이 걱정스럽다. 한국산 소재부품을 쓰던 TPP 회원국이 역내 국가로 생산기지를 만들어 옮겨갈 수 있다. 뒤늦게 개별 협상을 하려면 농산물과 쇠고기 개방에 매달려야 하고, TPP 역내 국가에 적용한 공기업 민영화 규정 같은 민감한 조건을 수용해야 할지도 모른다. 가장 큰 우려는 FTA에 관한 한 그동안 튕기며 상대하던 일본에 다소 굴욕적인 개별 협상을 할 수도 있다는 점이다.

중국 주도의 역내포괄적동반자협정 RCEP 은 아세안+6개국 간에 투자나 서비스보다는 상품에서 관세장벽 철폐 위주로 협상을 하고 있다. 한·중 FTA도 투자와 서비스는 뒤로 미루고 상품 위주로 맺었는데 20년 뒤에야 관세가 없어지는 품목이 있을 정도다. 자세히 보면 향후 10년간 관세 인하 대상이 한국은 전체의 77퍼센트, 중국은 66퍼센트에 그친다. 20년으로 늘려도 한국은 90퍼센트, 중국은 85퍼센트만 하는 로드맵이니 수준이 결코 높지 않다.

반면 TPP를 보면 즉시 관세 철폐 비율이 미국과 일본 간에는 81.3퍼센트, 일본과 캐나다 간에는 87.5퍼센트에 이른다. 한·미, 한·캐나다 FTA에서의 즉시 관세 철폐 비율보다 각각 높다. 〈니혼게이자이신문〉은 일본의 수출 공산품 6,500여 품목 중 87퍼센트에 대한 관세가 TPP 발효 즉시 철폐된다고 보도했다. 그만큼 수준 높은 자유무역협정이라는 의미다.

한국이 미국, 중국과 각각 FTA를 맺었다고 둘을 같은 반열에 놓고 평가하면 착시를 부른다. 개방 대상이나 정도에서 분명한 수준 차이가 있다. FTA는 겉만 보고 득실을 잴 수 없다. 무역 창출과 무역 전환이라는 양면을 가졌듯 한쪽에서 웃으면 다른 쪽에선 울 수도 있다. 상품 외에 투자와 서비스까지 두루 아우르는 개방이어야 완성도가 높다.

TPP, 아시아·태평양자유무역지대 FTAAP에다 이미 나온 RCEP에 아세안경제공동체 AEC를 연결해 판을 키우려는 움직임도 있다.

이래저래 한국을 기다리는 메가FTA가 수두룩하다. 우리에게 명분과 실리를 다 채울 최적의 선택은 무엇이어야 할까.

— 〈매일경제〉 2015년 10월 20일 자 '매경포럼'

≋ FTA협상노트

게리 그레이 감독의 할리우드 영화 〈네고시에이터〉라는 작품은 재미있는 상황을 설정해 이야기를 풀어간다. 시카고 경찰에서 인질범 전문 협상가로 명성을 날리던 경관 대니 로만이 함정에 빠져 동료를 살해한 용의자로 몰린다.

주인공은 결백을 증명하기 위해 경찰서 내사과로 침입해 자신을 범인으로 내몬 내사과장과 비서 등을 인질로 잡는다. 스스로 인질범이 된 후 자신만큼 유명했던 협상 전문가 크리스 새비언을 데려오라고 요구한다. 두 프로 간의 줄다리기를 통해 감춰졌던 경찰 내부의 치부가 드러나도록 끌고 가면서 주인공은 누명을 벗고 통쾌하게 복수를 한다.

협상가들 동네엔 이런 말이 있다. '내 것은 내 몫이고 당신 것은 교섭 대상이다.' 양측의 밀고 당기기 속에는 각자 원하는 최적의 성과를 얻어내려는 수 싸움이 담겨 있다. 상대의 마음을 읽으면서 두 수, 세 수 앞을 내다보고 대비할 혜안을 지녀야 한다.

외교부에서 FTA 교섭대표와 주제네바 대사를 지낸 최석영 대사가 현직에 있을 때 기록했던 비망록을 모아 《최석영의 FTA협상노트》라는 이름의 책을 펴냈다. 한·미, 한·EU FTA 협정을 끌어낼 때까지의 세부 협상 과정을 생생하게 그렸다. 중단된 한·일 FTA나 후임자에게 넘기기 전까지의 한·중 FTA 협상도 담겼다.

그는 '협상에 왕도는 없다'고 단언했다. 타협이나 기선 제압, 작은 것을 버리고 큰 것 취하기 같은 협상 전술은 기본이다. 하지만 실전에서는 교과서대로 짜 맞춰지지 않는 것이 협상 현장이기 때문이다.

최 대사는 단지 지나간 일에 대한 소회를 풀어내는 데 머물지 않는다. 메가FTA로 대세 흐름이 가는 상황에서 자신의 경험을 후배들에게 전수하고 싶었을 게다.

통상교섭본부를 외교부에서 떼어 내 산업자원부로 이관하고 3년을 넘기면서 파견됐던 외교관들은 전원 복귀시켰다. 이젠 준비되고 훈련받은 협상가를 알아서 키워야 한다. 국내에도 1995년 출범한 협상학회라는 관련 분야 연구자들의 모임이 있다. 학문적으로 다양하게 연구하고 통상교섭 같은 일선 현장에서 탄탄한 경험을 쌓아야 명실상부한 협상 전문가를 양성할 수 있다. 최 대사 같은 관록의 전문가들이 남기는 제2, 제3의 협상 비망록도 더 나와야 한다.

— 〈매일경제〉 2016년 1월 22일 자 '필동정담'

:
:

02

지속 가능한
성장을 향해

────

한국경제 절벽인가 희망인가

⋮

🔖 양적완화인가 구제금융인가

거창한 논쟁으로 이어질 듯하던 한국판 양적완화는 한 방향으로 좁아졌다. 국책은행 자본 확충에 한국은행이 어떤 방식으로 참여하느냐다. 기획재정부가 추가경정예산을 더 확보해 맡을지, 국채를 발행할지 등은 슬그머니 사라졌다. 부실기업 구조조정을 위해 필요한 실탄을 마련한다는 명분에 한은은 밀려 버렸다. 발권력을 동원해 돈을 대는 건 기정사실이고 대상 국책은행에 출자를 하느냐 아니면 대출 형태냐로 모아진다.

기재부와 한은이 거론하는 미국의 2008년 부실자산구제프로그램 TARP 처리 과정을 가까이서 지켜봤다. 워싱턴 특파원으로 일했던 시절이다. 미 재무부는 연방준비제도이사회FRB와 함께 7,000억 달러 공적자금을 조성해 글로벌 금융 위기 뒤처리에 나섰다. 파산에 몰린 금융회사에 공적자금을 투입하고, 민간 부문인 주택 관련 업체와 대기업인 자동차업체까지 지원하기 위해서였다.

2008년 9월 15일 리먼브라더스 파산 결정 후 금융 위기가 닥치자 미 재무부는 5일 만에 TARP 초안을 내놓았다. 헨리 폴슨 재무장관과 벤 버냉키 FRB 의장은 발이 닳도록 찾아가 의원들을 설득했다. 하지만 하원은 9월 29일 구제금융안을 부결해 버렸다. 주식시장은 9·11사태 후 가장 큰 폭으로 곤두박질쳤다. 퇴임을 4개월 앞둔 조지 부시 대통령의 레임덕을 감안해도 충격이었다. 여당인 공화당 의원들의 압도적 반대가 결정적이었다. 월가에 대한 국민의 반감이 쏟아진 영향이었다.

하원이 발목을 잡자 상원이 나섰다. 구제금융법안을 약간 수정해 하원에 앞서 10월 1일 통과시켰다. 관행으로는 법안을 하원에서 먼저 통과시키면 상원이 뒤따르고 합동조정위에서 단일안을 만들어 조율 후 다시 표결하는데 이번엔 원로원 성격의 상원이 순서를 바꿔 성사시킨 것이다. 하원도 이틀 후 수정안을 재표결해 통과시켰다.

구제금융안이 의회 동의를 얻자 재무부와 FRB는 신속하게 세부 조치를 실행했다. 7,000억 달러 가운데 대통령의 서명만으로 즉시 쓸 수 있는 1차분 3,500억 달러를 재무부는 불과 77일 만에 집행했다. 중앙은행 역할은 그다음 단계부터였다. FRB는 그해 12월 기준금리를 제로 수준까지 낮추고 단기자산유동화증권프로그램TALF 같은 조치를 내놓았다. 학자금 대출, 자동차 할부금융, 신용카드 대출 등 당시 위험하다고 여겨졌던 기초자산으로 발행한 자산유동화증권ABS을 담보로 인정해 주고 대출을 해 준 프로그램이다. 중앙은행이 발권력을 동원해 민간 부문 부채의 위험도를 낮춰 준 것이다.

하원의 몽니로 요란을 떨었지만 의회는 구제금융안에 동의해 준 뒤엔 청문회를 열어 지원받는 금융회사와 대기업을 철저하게 혼냈다. 2008년 11월 열린 자동차업체 청문회에서 GM, 포드, 크라이슬러 경영진은 혹독한 심문을 당했다. 자가용 비행기를 타고 청문회에 왔던 릭 왜고너 GM 회장은 질타를 당한 뒤 결국 사임했다. 구제금융을 받은 AIG와 씨티은행 경영진의 부도덕한 고액 보너스 잔치는 청문회에서 도마에 올랐고 끝내 토해 냈다.

지금 우리가 추진하는 해운·조선 한계기업 구조조정과 그를 위해 국책은행 자본 확충에 혈세를 투입하는 조치는 누가 뭐라 해도 구제금융이다. 분명한 구제금융을 왜 한은의 발권력에 의존해 양적완화라고 포장하려는지 묻지 않을 수 없다. 구제금융에는 재정당국이 주도적인 역할을 먼저 하고 중앙은행의 후속조치가 뒤따라야 한다. 원활한 정책협조가 필수다.

무엇보다 구제금융을 위해 절대로 빠뜨려서는 안 되는 과정은 국회 동의다. 그것이 국민적 합의다. 혈세를 지원하려면 금융회사든 민간기업이든 부실을 초래한 책임을 확실하게 먼저 물어야 한다. 청문회도 열어야 한다. 끝물이라도 19대 국회에서 당장 시작해야 한다. 구조조정에 한시가 아까운데 손 놓고 있을 때가 아니다. 20대 국회는 벽두부터 이 일을 이어받아야 한다. 정부, 국회, 중앙은행이 모두 나서야 한다. 2008년 미국의 구조조정 과정에서 배운 교훈이다.

— 〈매일경제〉 2016년 5월 12일 자 '매경포럼'

🗂 다 쓰고 죽어라

재정절벽 fiscal cliff 은 경제학 교과서엔 없지만 익숙해진 시사용어다. 갑작스러운 재정 지출 축소나 중단으로 인한 파장을 말한다. 이로 인해 기업과 가계의 세금 부담이 늘어나 투자와 소비 위축으로 이어지고 경기 침체를 가져오는 현상이다. 골드만삭스의 이코노미스트 알렉 필립스가 2011년 10월에 쓴 보고서에서 처음 등장했다. 석 달 뒤 벤 버냉키 연방준비제도이사회 의장이 곧 닥쳐올 위기를 경고하면서 이 표현을 인용한 뒤 널리 확산됐다.

요즘 재정절벽을 흉내 낸 표현이 분야마다 쓰이고 있다. 심각한 청년 실업은 고용절벽으로 요약된다. 출산율 1.2명과 생산가능인구 감소는 인구절벽으로 불린다. 수출절벽, 성장절벽까지 나왔다.

지난달 초 유일호 경제팀이 내놓은 경기보강대책은 재정에서의 돈 풀기 확대와 세금 깎아 주기를 통한 소비촉진 방안이었다. 소비절벽으로 치닫는 경제 상황을 돌려 보기 위한 안간힘 쓰기다. 유일호 부총리는 "가용 재원과 수단을 총동원해 위축된 내수를 살리려 한다"고 까놓고 말했다.

지난해 말까지만 시행하고 종료했던 승용차 개별소비세 인하를 6월 말까지 재연장했다. 그랜저나 K7 차량을 살 경우 55만 원에서 70만 원까지 세금을 덜 낸다. 새 차 살 때 세금 부담 덜어 주고 테마파크나 영화관 등의 할인 이벤트로 소비를 살릴 수 있으면 좋으련만 이 정도로 성과를 얼마나 거두겠느냐는 김빠지는 예측이 적지 않다.

우리도 유럽이나 일본처럼 마이너스금리를 도입한들 돈을 장롱 속에 쌓아 두지 않고 소비에 나설지 자신 없다. 소비는 쓸 여력 있는 계층에서 이뤄져야 한다. 가계든 기업이든 당장 갚아야 할 부채를 떠안고 있으면 빚 갚는 데 우선한다. 곧 투자를 해야 하거나 중요한 일에 지출을 앞두고 있다면 당장의 소비를 꺼리는 건 인지상정이다. 빚도 없고 지출할 큰일이 없다면 돈을 써야 할 텐데 요즘 세태를 보면 거리가 멀다. 많은 자산을 가졌어도, 남부러울 연금을 받아도 노후에 대비해야 한다며 움켜쥐고 있기만 한다.

KB금융경영연구소 조사엔 은퇴 후 30년을 살기 위한 평균 노후 필요 자금이 월 226만 원 정도다. 이 정도 지출하려면 연금 수입 외에도 이자나 배당을 받을 10억 원 정도의 금융자산과 사는 집을 포함한 부동산을 움켜쥐고 있어야 한다고 연연한다.

이런 이들에게 미국 재무설계사 스테판 폴란이 던진 21세기 경제철학 한마디를 소개하고 싶다. '다 쓰고 죽어라 Die broke'는 지침이다.

폴란은 부동산업자로 시작해 벤처캐피털 대표로 돈도 벌고 명성도 얻은 시점에 어느 날 병원에서 폐암 판정을 받았다. 수술과 항암 치료에 들어갈지 고민하다 추가 검진에서 오진이었음을 확인한 그는 삶의 행로를 바꾸고 돈 모으기와 쓰기에 대한 자신의 생각도 뒤집었다. 폴란의 조언은 모은 돈을 후회 없이 쓰고 떠나라는 주문이다. 이자나 배당에만 연연하지 말고 원금을 쓰겠다고 생각을 바꾸면 훨씬 많은 가처분 자산이 생긴다. 사는 집을 담보로 한 역모기지까지 활용하면 더욱 늘어난다.

살아생전 쓰지도 못할 돈을 쌓아 두기만 하면 죽은 뒤에 무슨 소용이 있나. 미래에 쓰려 모아 두는 것보다 지금 쓰는 게 핵심이다. 머릿속에서 그리는 내일을 위한 건강관리보다는 오늘 당장 운동하는 게 더 중요한 것과 같은 이치다.

자식에게 물려줄 생각 말고 은퇴 후 여생을 최대한 즐기고 떠나야 한다. 재산을 물려받고 나면 부모를 돌보지 않는 경우 상속을 무효화하는 불효자법 제정이나 끝까지 잘 모신다고 약속하는 효도계약 얘기까지 나오는 판이다. 물려줄 재산이 없으면 자식들 간에 다툼의 소지도 오히려 없다.

베이비부머 세대들이 쓰지 않고 움켜쥐고 있는 한 소비는 살아나기 어렵다. 노후에 대한 과도한 걱정, 미래에 대한 막연한 불안을 떨쳐야 한다. 소비를 살려 경제가 돌아가는 선순환 구조를 끌어내려면 다 쓰고 죽으라는 미친 소리 같은 철학을 과감하게 실천해 보시라.

— 〈매일경제〉 2016년 3월 10일 자 '매경포럼'

사회학자 폴 월러스 Paul Wallace 가 '연령지진 agequake, age+earthquake'이라는
파격적인 용어를 꺼낸 건 1999년이었다. 그는 저서《증가하는 고령
인구 다시 그리는 경제지도》에서 갑자기 진행되는 고령화로 생길
충격과 사회적 문제를 이런 합성어로 표현했다.

제론토크라시 gerontocracy 와 실버데모크라시 silver democracy 라는 단어도
고령화시대 진전과 함께 정치사회학뿐 아니라 경제학 분야에서 이
미 익숙할 만큼 퍼져 있다.

제론토크라시는 나이 든 사람을 뜻하는 그리스어 '제론 geron'에서
나왔다. 최고의사결정권자뿐 아니라 다수 유권자층까지 노인으로
구성되는 사회다.

50여 년 철옹성처럼 장기 집권하던 일본 자민당이 2006년 참의
원 선거에서 민주당에 참패했다. 패인은 2년 후부터 70~74세 의료
비 부담을 10퍼센트에서 20퍼센트로 올리겠다는 정책 발표 때문이
었다. 선거에서 졌고 예정했던 정책은 백지화했다. 정작 2009년 중
의원에서도 이겨 집권에 성공한 민주당도 이 정책을 뒤집지 못했다.
노인층의 힘에 정치권은 굴복했다. 이후 나온 용어가 '실버데모크라
시'였다. 다수 유권자를 차지하는 노령층의 이해관계가 정책의 우선
순위를 차지하는 현상이다.

고령화가 경제에 주는 가장 심각한 부담은 일할 사람은 줄어드
는데 부양받을 사람은 늘어나는 사태에서 발생한다. 저서《고개 숙

인 대한민국》에서 신지호 전 의원은 생산가능인구15~64세가 피부양인구0~14세, 65세 이상보다 빠르게 증가하는 시기인 인구보너스기가 한국에서는 2012년 이미 종료됐다고 분석한다. 2012년 생산가능인구 비중 73.1퍼센트는 정점이었고, 부양률 36.8퍼센트는 저점이었다.

생산가능인구 비중은 하락해도 생산가능인구 절대 수가 늘어나는 완충기를 활용하면 조금은 더 버틸 수 있다. 일본은 1991년 인구보너스기 종료 후 5년을 더 경과하고 1996년부터 생산가능인구가 줄었다. 우리는 2012년 인구보너스기 종료 후 2016년부터 생산가능인구가 감소할 것으로 전망된다. 4년의 완충기인데 이미 2년은 보내버렸다.

남은 2년에 할 일이 너무 많다. 오늘 국회 본회의에서 처리할 공무원연금 개혁안도 그중 하나다. 아직 논란이 덜 끝난 국민연금을 포함한 공적연금 개혁에도 박차를 가해야 한다. 노인층 수발을 위해 자식 세대의 미래에 먹구름을 드리우는 건 절대로 막아야 한다.

— 〈매일경제〉 2015년 5월 28일 자 '世智園'

타계한 김영삼 전 대통령 하면 금융실명제와 부동산실명제가 먼저 떠오른다. 하나회 척결이나 전두환, 노태우 구속처럼 배짱만으론 해내기 힘든 일이었다. 민감한 경제정책이니 부작용과 후유증을 면밀히 따져야 했다. 그런데 그는 밀어붙였다.

김영삼정부 때 시작한 의미 있는 일이 또 있다. 청와대 서별관회의다. 본관 서쪽 회의용 건물인 서별관에서 열려 이렇게 불렸다. 1997년 위기의 전조가 스멀스멀 고개를 들자 경제팀 내 막후 협의가 많아지며 생겼다. 경제장관들과 청와대 경제수석, 한국은행 총재 등이 함께했다. IMF 관리하에 들어간 김대중정부에서는 대우그룹 정리, 제일은행 매각 등 굵직한 현안을 여기서 정리했다. 노무현정부 때는 아예 정례화했다. 거시경제정책협의회로 성격도 굳어졌다.

서별관회의가 일반에 알려진 건 2002년 10월 대북송금 청문회 때였다. 엄호성 한나라당 의원이 대북 지원을 여기서 협의했다고 공개해 버렸다. 이명박정부 들어선 글로벌 금융위기 발발 후 매주 화요일 정례회의 외에 긴급 사안이 터지면 수시로 소집됐다. 금융위기 컨트롤타워 역할을 서별관회의가 맡았다.

2008년 10월 초 과천청사에서 국정감사를 받던 강만수 기획재정부 장관은 오찬 약속을 내세우며 감사장을 빠져나간 적도 있었다. 야당 의원들의 항의를 받아 가며 간 곳은 서별관에서의 도시락회의였다. 살얼음판을 걷는 듯 위태롭던 금융시장 대책을 조율하기 위해 경제장관들은 당시 거의 매일 서별관에 모였다.

정부가 해운업계 1, 2위인 한진해운과 현대상선 합병을 추진한 다는 한 매체의 보도는 여러모로 놀라운 소식이었다. 주무 부처인 금 융위원회와 새로 부임한 해양수산부 장관이 각각 부인했다. 구조조 정협의체는 시장 원리에 따른 자율적 구조조정을 추진한다고 교과 서 같은 입장을 표명했다. 그래도 반가웠던 건 이런 검토를 하는 청 와대 서별관회의가 가동되고 있다는 점이었다.

요즘 최대 현안은 한계기업 구조조정이다. 이른바 좀비기업 정 리다. 경기 침체로 수요는 줄었는데 공급 과잉에 허덕이는 산업구조 를 재편해야 한다. 기업활동으로 끌어다 쓴 빚의 이자도 못 갚는 좀 비기업을 솎아 내야 한다. 금융위원회는 연말까지 대기업 계열사의 신용위험도를 재평가해 구조조정 대상을 좁혀 가겠다고 했다. 제대 로 심사를 벌여 봐야겠지만 수술대에 올려야 할 대기업이 250개에 이를 것이라는 추정이다. 상반기엔 최종적으로 35개에 그쳤으니 이 땐 엄격한 잣대를 대지 않았거나, 그사이 상황이 급격하게 악화됐거 나다. 금융감독원은 이달 초 중소기업 신용위험 평가 결과 105곳을 퇴출시키고 70곳을 워크아웃workout, 기업개선작업으로 경영정상화 과정을 밟도록 했다. 작년엔 125곳이었는데 한 해 사이 40퍼센트나 늘어났다.

최경환 경제부총리는 기회만 되면 부실기업을 조속히 처리하겠 다고 목소리를 높인다. 조선, 철강, 해운 등 구체적인 업종을 적시한 다. 경제 전체에 끼치는 영향이 큰 데다 그대로 두면 정상기업에도 부담이 된다는 논리다. 산업은행과 수출입은행 같은 국책은행뿐 아니라 시중 은행들도 밑 빠진 독에 물 붓기 식으로 대출을 늘려 가며 이젠 자신들의 부실을 걱정해야 할 판이다. 수출입은행의 국제결제은행BIS 기준 자기자본비율이 10.5퍼센트로 일반 은행의 평균 15퍼센트 안팎에 크게 못 미치니 심각하다.

일각에선 정기국회 예산안 처리를 끝내면 정치판으로 돌아갈 최부총리가 기업 구조조정을 강조해 봐야 누가 믿겠느냐고 비아냥거린다. 대상 기업 경영진이나 노조의 반발이 거셀 텐데 내년 4월 총선을 앞두고 정부가 총대를 멜 수 있겠느냐고 한다.

이런 얘기를 덮으려면 최경환 개인이 아닌 정부 내 영속적 기구가 담당한다는 신뢰를 줘야 한다. 그 일을 서별관회의에서 꿰차고 있다고 공개적으로 보여 주면 좋겠다. 좀비기업을 가시적으로 정리할 때까지 구조조정작업은 서별관회의에서 챙기고 있다는 걸 천명하라. 그러면 경제부총리가 바뀌어도 경제수석에 새 인물이 와도 기조에 변화가 없을 것이라고 국민과 시장은 믿어 줄 거다.

— 〈매일경제〉 2015년 11월 24일 자 '매경포럼'

한 해를 마감하는 날에 쓰는 칼럼이니 어떤 주제를 택해야 할지 고민스러웠다. 새해로 넘어가는 희망을 다뤄야 하는데 아쉽다. 올해를 돌아보면 국정원 댓글에서 시작해 철도 파업으로 끝나는 듯하다. 경제는 지표와는 따로 논 최악의 체감경기로 압축된다.

이런 정치 갈등과 활력 잃은 경제에 치여 곪아 있는 게 일자리 문제다. 가장 심각한 건 청년실업이다. 대학가에 확산된 '안녕들하십니까'라는 대자보에서 그들은 취업과 미래에 대한 불안을 고스란히 보여 주지 않았나.

한국은행이 낸 보고서에선 일을 하지 않거나 교육훈련도 받지 않고 일할 의사도 없는 청년층이 72만 4,000명에 달한다고 분류했다. 이른바 니트족 NEET, not in education, employment or training 이다. 다른 통계에 따르면 대졸 이상의 비경제활동인구 가운데 52퍼센트가 백수다. 취업 재수생이거나 대학원 진학 준비 중이거나 아예 놀고 있다. 이런 대목을 다 반영해 실질적인 체감 실업률을 산정하면 얼마로 나올지 참 난감하다.

이달 초 발표된 올해 11월 취업자는 2,553만 명으로 지난해 같은 기간보다 58만 8,000명 늘었다. 덕분에 전체 실업률은 0.1퍼센트포인트 낮아졌다. 취업자 수 증가폭이 14개월 만에 최대치라고 내세우지만 구멍이 많다. 다른 건 다 차치하고라도 청년층 15~29세 실업률은 되레 0.8퍼센트포인트 올랐다.

우리의 실업률은 일할 의사를 갖고 직업을 찾아다닌 경우에만 산정된다. 기존에 써 온 통계 방식이지만 허전하다. 설명하자면 이렇다. 15세 이상의 노동가능인구는 수입이 있는 일에 종사하거나 구직활동을 하고 있는 경제활동인구와 경제활동에 참여할 의사가 없는 비경제활동인구로 분류한다. 경제활동인구에서만 취업자와 실업자를 구분한다. 비경제활동인구에는 가정주부, 학생, 연로자, 심신장애자 외에도 구직단념자, 취업준비자 등이 포함돼 착시를 부른다. 구직을 포기한 것으로 분류되면 실업률이 떨어지는 역설적인 결과까지 나온다.

대학에서는 졸업한 직후 취업이 안 될 것 같으면 마지막 학기를 휴학하거나 대학원에 적을 둔 채 대기한다. 위장된 취업 재수다. 지방 대학에서는 공식적으로 졸업유예제가 활용된다. IMF 구제금융을 받았던 1998년에 등장했는데 다시 살아났다. 최대 4학기까지 졸업을 미루도록 해 주는 대학도 있다. 교육부 통계로도 대학생은 평균 5.79년 만에 졸업하고 있다. 인문사회 계열은 평균 5.71년, 공학 계열은 6.18년이다. 대학이 4년제에서 6년제로 변해 버렸다.

정부는 시간제 일자리를 늘려 고용률을 끌어올리겠다고 했다. 비정규직에 대한 보호 장치도 강화해 제도권 안으로 끌어들이려 한다. 이 정도로는 청년들의 목마름을 해갈하는 데 역부족이다. 양질의 일자리를 많이 만들어 내야 한다. 경제를 튼실하게 일궈 규모를 키우는 게 첫째다. 내년 성장률 목표치 3.9퍼센트라도 달성하면 선방이다. 해마다 잠재성장률을 뛰어넘어야 할 텐데 난망이다.

일자리를 찾는 젊은이들의 자세에도 문제는 많다. 기능직은 외면하고 사무직만 선호한다. 단순노무직이나 3D 업종은 외국인 근로자에게 떠넘긴다. 중소기업은 외면한 채 대기업이나 공기업만 들어가려 한다. 스스로 눈높이를 먼저 낮추면 일자리를 더 찾을 수 있다.

요즘 미국 작가 존 스타인벡의 소설《분노의 포도》를 다시 읽고 있다. 지금을 대공황 시기와 비교할 수야 없지만 실업 문제라는 화두는 같다. 스타인벡은 당시 사회 분위기를 이렇게 표현했다. "굶주린 사람들의 눈에는 패배의 빛만 보이고 영혼 속에는 분노만 번득인다."

일자리를 찾지 못한 채 사회에 진입하지 못하는 젊은이가 늘어나면 사회적 위기로 가는 건 시간문제다. 정부와 정치권의 책임 있는 분들, 제발 직시하시길. 내년 말 이때쯤엔 같은 얘기를 되풀이하지 않게 해 주시길.

— 〈매일경제〉 2013년 12월 31일 자 '매경포럼'

자신 있게 큰소리를 쳤다. 정부가 아무리 대책을 내놓아 본들 앞으로 전셋값은 계속 오를 거라고. 듣고 있던 이지송 한국토지주택공사LH 사장이 맞다며 맞장구를 쳤다. 평소 직원들에게 자신이 강조했던 얘기가 바로 그거라며 동의했다. 언론에서 그런 지적을 자주 해 줘야 일반인들의 인식을 바꿔 놓을 수 있다고 이 사장은 한술 더 떴다. 그는 현대건설 사장을 지냈다. 지금은 LH 최고경영자다. 민간과 공공 양쪽의 가장 큰 집장사 기업 경영을 맡아 본 거다. 그런 연륜을 가진 전문가로부터 공감을 끌어냈으니 뿌듯했다. 얼마 전 이 사장과의 만남 때 있었던 일이다.

전세는 한국 사회에만 있는 특수한 주택대여제도다. 임대인이나 임차인 양측을 모두 만족시킨다. 임대인은 자기 집을 빌려주고 목돈을 받아 굴린다. 월세로 받는 것과는 비교하기 힘든 많은 돈이니 유용하게 쓸 수 있다. 이것을 종잣돈으로 삼아 집을 사는 경우도 많다. 임차인은 전체 집값의 절반 정도만을 집주인에게 맡겼다가 계약 기간 종료 후 돌려받는다. 그 기간에 생기는 금융비용 정도만 지불하고 집을 빌려 생활하는 거다.

전세 제도가 자리 잡은 건 기본적으로 수요가 공급을 앞질렀기 때문이다. 거기에다 내 집 마련을 위한 가계의 일관된 노력이 더해져 힘을 얻었다.

매매가격 대비 전셋값 비율인 전세가율 추이를 보면 재미있다.

외환위기 여파로 집값이 폭락했던 1997~1998년 전국 평균 집값 대비 전세가율은 50퍼센트 정도였다. 위기에서 벗어난 뒤 부동산 가격이 오르면서 2001~2002년 69퍼센트까지 올라갔다. 대전에서는 77퍼센트까지 도달했다. 극단적인 경우 전셋값이 매매가보다 더 높은 사례도 있었다. 지방의 역 주변 아파트의 경우 매매는 쉽게 이뤄지지 않지만 서울 출퇴근자들의 임대 수요가 끊이지 않아 이런 일이 실제로 벌어졌다.

지역별로 구분해 보면 더 의미 있는 대목을 발견할 수 있다. 매매 수요가 많은 서울 지역의 전세가율이 매매 수요가 덜한 지방에 비해 더 낮다. 올 6월 말 현재 서울의 전세가율은 47.4퍼센트인 반면 지방의 6대 광역시 평균 전세가율은 65.3퍼센트다.

서울에서도 매매 수요가 많고 선호도 높은 강남의 전세가율이 강북보다 더 낮다. 올해 6월 말 현재 강북지역 전세가율은 49.5퍼센트인 반면 강남지역은 45.4퍼센트다. 서울과 지방, 강남과 강북 간 수치 비교를 보면 매매가 안 될수록 전세 수요는 더 많다는 것을 도출해 낼 수 있다.

앞으로 전셋값이 더 오를 거라는 진단의 첫 근거는 신규 주택 구입 대기자들이 집 사는 걸 뒤로 미루고 계속 임대로 살 거라는 점이다. 집값이 별로 오를 것 같지 않아 보이니 집 사기를 꺼린다. 이미 집값이 오를 대로 올라 있어 매입 후 추가 상승으로 차익을 기대하기도 어렵다고 생각한다.

주택 보유자는 늘어나는 수요에 전셋값을 올린다. 이 과정에서 기존 전셋값 외에 추가로 올린 금액을 월세로 돌려 이른바 보증부 월세 전세+일부 월세가 늘어난다.

국토해양부의 통계를 보면 지난해 말 기준 자기 집에서 사는 가구가 54퍼센트, 남의 집을 빌려 사는 가구가 46퍼센트다. 임차 가구 중에 전세 비중은 21.6퍼센트다. 월세는 21.4퍼센트다. 중요한 건 전세 비중이 갈수록 줄고 반면 월세 비중은 늘어난다는 점이다. 월세에서도 순수 월세보다는 보증부 월세가 많다. 순수 월세는 2퍼센트 정도에 그치는 반면 보증부 월세가 나머지다.

신규 수요자들이 집을 사지 않는 한 전월세 수요는 늘 거다. 수요가 늘면 전셋값은 오를 수밖에 없다. 평범하지만 중요한 얘기다.

이젠 집값 시세의 절반 정도 전셋값만 내고 남의 집을 빌려 살 수 있는 시절을 다시 맞기 어렵다. 전셋값은 계속 올라 매매가와 별 차이 없는 선까지 접근할 거다. 그러면서 전세 방식은 월세로 바뀌어 갈 것이다. '아 옛날이여'를 외쳐 봐야 늦었다.

전세 제도가 그립고 아쉽지만 세상은 이미 바뀌고 있다. 돌이킬 수 없다. 집 없는 사람들은 차라리 미련을 버리고 월세 제도에 익숙해져야 마음이 편해질지 모른다.

— 〈매일경제〉 2011년 8월 24일 자 '매경데스크'

집값 예측은 쉽지 않은 일이다. 참 부담스럽다. 그래서 주관적 판단을 내밀기 뭐할 때 객관적 비교치를 동원한다. 비겁해 보여도 덜 위험하다.

부문마다 차이는 있지만 우리와 일본은 20여 년 시차를 두고 비슷한 궤적을 그리고 있다. 주택시장의 움직임도 여러 가지로 유사하다. 잘 보면 교훈을 유추하고 '반면교사'로 삼을 수 있다.

정상적인 상황에서 주택 수요는 두 가지가 뒷받침돼야 계속 늘어난다. 인구 증가가 먼저다. 여기에 경제성장과 고용창출이 더해져야 한다. 두 요인에 변화가 있으면 반대로 갈 수밖에 없다.

일본에서는 1994년 고령층 65세 초과이 총인구의 14퍼센트를 웃도는 이른바 고령사회로 진입했다. 2006년엔 고령층이 전체의 20퍼센트를 넘는 초고령사회로 가 버렸다. 2005년을 정점으로 아예 인구 자체가 감소하기 시작했다. 2015년부터는 가구 수 감소라는 심각한 단계에 이를 것으로 예상된다.

가구 구성도 바뀌었다. 이미 1990년대부터 1~2인 가구가 급격히 증가한 반면 4인 이상 가구는 감소했다. 15~65세의 생산연령 인구는 벌써 1995년부터 줄었다. 지난 20여 년간 일본에서는 '저출산, 고령화, 인구 감소, 1~2인 가구 증가'가 꾸준히 진행돼 온 것이다.

그 전에 주택가격은 이미 올랐다. 경제성장에 힘입어 왕성한 수요가 이어졌다. 부동산값 폭등에 온 나라가 달아올랐다. 1986년부터

1990년까지 특히 심했다. 그러다가 무릎을 꿇었다. 1991년부터다. 가구와 인구 구성 변화에 허물어졌다. 연 1퍼센트에도 못 미치는 저 성장이 맞물리자 더 힘을 잃었다. 주택 버블이 무너졌다. 토지 가격 에 덧씌워져 있던 신화도 사라졌다. 부동산은 위험 자산이라는 인식 이 확산됐다. 주택에 대한 개념이 소유에서 거주 중심으로 전환됐다.

눈을 우리에게로 돌려 보자. 일본 잣대를 빌려 보자. 한국에서 고 령사회 진입은 2018년으로 예상되고 있다. 2020년부터는 인구 자체 가 감소할 것으로 관측된다. 2026년 초고령사회로의 진입에 이어, 2030년에는 가구 수 감소 시대로 접어들 것이라는 계산이다. 가구 구성 변화는 이미 빠르게 진행되고 있다. 1~2인 가구는 2010년 말 현 재 전체 중 43.3퍼센트를 차지할 정도로 급증했다.

일본에 비해 비교하기 힘들 만큼 빠르게 진행되고 있다는 데 심 각성이 있다고 전문가들은 지적한다.

90년대 말 외환 위기로 주춤했던 시절을 빼면 한국 경제는 잠재 성장률_{연 5퍼센트 전후}을 웃도는 성장을 꾸준히 이어왔다. 이에 힘입어 부 동산값은 지칠 줄 모르게 올랐다. 2000년부터 2007년까지 두드러졌 다. 버블이 쌓였다. 부동산 불패신화라는 포장도 씌워졌다.

여기까지는 일본과 액면 비교가 가능하다. 그러나 아직 진행되 지 않은 몇 가지에서는 다르다. 우리에게는 다행히 본격적인 버블 붕 괴가 오지 않았다. 저성장 시대로 곤두박질치지도 않았다.

예상대로라면 우리는 2018년 고령사회 진입에, 2020년부터 인구 감소를 맞는다. 몇 년 안 남았다. 직시해야 할 점은 고령사회 진입과 인구 감소에 맞물려 주택 수요가 줄어든 일본의 전례다. 인구와 가구 변화를 인위적으로 막기는 힘들다. 대신 부동산 버블 붕괴를 막고 경제의 저성장행 물꼬를 틀어 돌리면 인구 구성 변화에 허물어질 주택 수요를 유지시킬 수 있다.

과거처럼 잠재성장률 정도의 성장을 이뤄 내고 그걸 바탕으로 고용을 늘려 가면 된다. 저출산, 고령화와 맞물려 나타날 인구 및 가구 수 감소를 이걸로 극복해야 한다.

성장을 견인하고 고용을 창출하는 건 당연히 버거운 일이다. 더 어려운 과제일 거다. 그러나 현 추세에서 집값 버블 붕괴를 막고 신규 주택 수요를 만드는 다른 방법은 없다. 성장과 고용 유지에 실패하면 주택시장도 기댈 언덕이 없다.

집값을 예측하겠다며 시작해 놓고 성장과 고용으로 논리를 귀결시키니 참 아이러니하다. 그래도 어쩔 수 없다. 현 상태로는 다른 활로를 전혀 찾지 못하겠으니까.

— 〈매일경제〉 2011년 6월 15일 자 '매경데스크'

'대박'이라는 말을 싫어하는 이가 있을까. 사전에서 대박을 찾아보면 이렇게 나와 있다. 주로 '대박이 터지다'의 형식으로 쓰인다. "흥행이 크게 성공하다", "큰돈을 벌다"는 뜻이다. 도박판에서 사용하는 경우가 많으므로 대박 大博이란 한자에서 왔다고 보는 사람도 있다. 흥부가 큰 박을 터뜨려 횡재하는 장면을 연상하는 사람도 있다.

다른 뜻으로는 이런 항목도 있다. "바다에서 쓰는 큰 배". 이때는 대박 大舶으로 쓴다. 큰 물건을 비유적으로 이르는 말이다. 세상 사람들이 자주 쓰는 '인천에 배만 들어오면 만사 해결된다'는 속어에 대박이라는 개념이 녹아 있다.

부동산부장으로 옮겨 오니 만나는 사람마다 묻는다. 올해엔 시장이 살아나느냐고. 정답을 모르니 답을 주는 척 에두르다 묻는다. 대박을 원하시느냐고.

부동산시장 관계자들은 대부분 올해는 좋아질 거라고 보고 있다. 회복 단계를 지나 본격적인 상승국면으로 갈 거라고 얘기한다. 희망사항 아니냐고 찌르면 지난 3년여의 침체기를 들먹인다. 음지를 지나왔으니 양지가 기다린다는 식이다. 지역을 구분해 가면서 공급 부족을 거론하는 쪽은 그나마 과학적이고 이성적이다.

어떤 이들은 치솟는 전세금 추이를 보면 매매값이 오를 것이라고 말한다. 통상 전세금이 많이 오르면 집을 사 버리자는 수요가 늘어 매매값 상승을 불러왔다. 2002년 전세난 때 그랬다. 전세를 구하지

못해 아우성이던 사람들이 아예 집을 사겠다고 나서면서 2003년에
는 매매시장을 달아오르게 만들었다.

이번에도 그럴지는 자신하기 어렵다. 회복되고 있는지, 아직 멀
었는지 자신이 없으니 그냥 지켜보는 이들이 많다. 그러면서 '어떻
게 될 것 같으냐'고 전문가들을 붙잡고 묻기만 한다. 명색이 부동산
부장인데 답을 줄 수 없으니 민망하다. 대신 이런 얘기로 대신하자.

중국 춘추전국시대에 어느 왕이 '경제가 무엇인지' 백성들을 교
육할 교과서를 만들어 오라고 신하들에게 지시했다. 재상과 다른 참
모들이 열 권짜리 방대한 교본을 만들어 왕에게 바쳤다. 왕은 열어
보지도 않고 물리치며 줄이라고 한마디 했다. 재상은 다시 작업 끝에
한 권의 압축본을 올렸다. 왕은 또 줄이라고 일갈했다. 재상과 그의
동료들이 아무리 고민해도 왕을 만족시킬 수 없었다. 기다리던 왕은
감춰 뒀던 지침을 한 문장으로 써서 보여 줬다.

왕이 건넨 문구는 간단했다.

'세상에 공짜는 없다.'

무지렁이 백성들에게 경제가 무엇인지를 알려 주는 압축된 한마
디는 바로 이거였다. 중앙집권의 군주 아래 체계를 잡은 군현제에서
도 이 말로 다 통했다. 하물며 시장 원리를 제일의 기준으로 내세우
는 자본주의 체제에서는 더욱 그렇다.

부동산 부문에도 '세상에 공짜는 없다'는 말이 여지없이 적용된
다. 따지자면 시장 원칙이 가장 치열하게 적용되는 동네다.

지난 30여 년 한국의 부동산시장에는 예외가 많았다. 지금도 대

박을 터뜨릴 수 있다고 기대하는 이들이 적지 않다. 수요와 공급이 있고, 사고파는 양측이 있는 시장이니 어떻게든 값은 형성될 거다.

그렇지만 과거 같은 대박판은 오기 어려울 듯하다. 기자의 이런 주장에 이제 잘 풀릴 수 있는데 왜 찬물을 끼얹느냐고 못마땅해 하는 분들이 있을 게다. 단언하건대 시장에 나름의 체계가 잡혀 가는 과정에 들어섰으면 고통스러울 수 있다. 정상으로 가고 있는 것이라면 오랜 시간이 걸릴 수도 있다.

우리 사회도 이미 집을 이용가치가 아니라 투자가치로 평가하던 시절로부터 멀어져 가는 길에 접어들었는지도 모른다. 집은 어디까지나 투자 대상이 아니라 거주 공간이라는 인식이 경제 주체들에게 더 확산되고 있는지도 모른다. 이렇든 저렇든 이런 변화 위에 일관되게 관통하는 원칙이 있다. 바로 '세상에 공짜는 없다'는 쉬운 원칙이다.

— 〈매일경제〉 2011년 1월 19일 자 '매경데스크'

🕮 보금자리주택을 어이할꼬

역대 정부마다 욕심을 부렸다. '주택 200만 호 공급'을 내걸었는 가 하면 '반값 아파트'라는 구호까지 나왔다. 세금으로 누르겠다고 했다가 욕만 먹고 되레 집값만 올려 놓고 만 적도 있다.

이명박 정부도 빠지지 않았다. 보금자리주택이다. 건설회사 최 고경영자 출신 대통령이니 주택정책을 내놓지 않으면 오히려 이상 했을 일이다. 작년부터 올해까지 벌써 4차 공급계획까지 내놓았다.

보금자리주택은 10년 동안 150만 가구의 아파트를 지어 공급하 는 거다. 분양주택 70만 가구, 임대주택 80만 가구다. 도심이나 도시 근교에 집중적으로 공급해 근본적으로 시장을 안정시키겠다고 했다.

보금자리주택에는 과거 정부의 주택정책에서는 찾아보기 힘든 두 가지가 있다. 오히려 그게 핵심이다.

먼저 그린벨트를 풀어 집을 짓는 거다. 개발제한구역으로 묶어 놓았던 땅을 풀어 집 짓는 건 특단의 조치다. 개발 연대를 거치면서 온 나라가 파헤쳐질 때도 엄격하게 유지돼 온 그린벨트는 그나마 국 민에게 녹색과 자연을 접하게 해 줬던 선물이었다. 그걸 분양주택 공 급에 써먹기 위해 허물어 버린 거다. 어찌 보면 행정의 힘을 빌린 실 용주의와 편의주의의 극치다. 2008년 9월 처음 대책을 내놓았을 때 그린벨트 내에서는 2012년까지 12만 호만 짓겠다고 했다. 그러다 2009년 8월에는 32만 호로 늘리겠다고 바꿨다. 이 대통령 재임 5년 내에 세 배로 늘리겠다는 것이다.

또 하나는 사전청약이라는 제도다. 1~2년 후 할 청약을 당겨 집에 대한 수요를 미리 해소하려는 거다. 수요를 소진시켜 나중에 나타날지 모를 과열을 식히자는 취지였을 게다. 미리 청약하도록 하면서 주변시세보다 싼 값에 분양하니 집값 안정이라는 긍정적인 효과가 있는 것은 맞다. 하지만 이건 한쪽만 본 거다.

싼 물건이 쏟아져 나온다는데 시장이 영향을 안 받을 수 없다. 민간에서 공급할 아파트가 제값을 받지 못한다. 수요자들이 아파트값 더 떨어질 때까지 기다리겠다는 듯 거래를 멈췄다. 가뜩이나 꺼져 들어가던 분양시장과 유통시장에 찬물을 끼얹은 꼴이었다. 국토부는 이런 정황을 받아들인 듯 4차부터는 사전청약 제도를 쓰지 않을 수도 있다고 시사했다.

물론 보금자리주택 정책의 공과를 따지자면 공이 과보다 더 많다는 걸 인정한다. 그래도 한 가지만 짚고 넘어가자. 정부가 3.3㎡당 분양가 1,000만 원 넘는 비싼 아파트(서울 강남지역에 해당되지만)를 지어 공급하려고 그린벨트를 푼다는 것은 어처구니없는 일이다.

시세보다 싸게 공급하니 청약자들은 득달같이 몰려들었다. 1차 때 강남 세곡의 경우 시세의 60퍼센트 선에서 분양가가 정해졌다. 전체 경쟁률이 12대 1에 육박했다. 그걸 분양받으려면 전용면적 85㎡ 기준으로 4억 원 넘는 돈을 넣어야 한다. 당초 보금자리주택 정책의 대상으로 내세운 '저소득층 서민'에겐 만만치 않게 많은 돈이다. 내 집 마련하려 아꼈던 돈에다 은행에서 빌려 청약한다면 할 말 없지만 본래 취지를 무색하게 만든다.

애초 보금자리주택 정책 발표 때 정부는 공급물량 중 절반가량만 임대주택으로 채우겠다고 했다. 서민 주거 안정이라는 대의명분을 내세워 그린벨트를 계속 허물려면 보금자리주택은 전량 임대주택으로 바뀌어야 한다. 이게 그나마 공공성을 높이는 방안이라고 본다. 임대주택 비중을 확 높이지 않는 한 '그린벨트 풀어 지은 아파트를 분양해 소수 당첨자에게 이득만 주고 말았다'는 비판을 면치 못할 거다. 보금자리주택 본래 취지인 공공성을 살리자는 충정에서 하는 얘기다.

그러나 크게 기대하지는 않는다. 청와대나 국토부 관계자들이 기자의 이런 조언에 귀 기울이지 않을 것 같아서다. 보금자리주택 사업을 이 대통령 임기 내내 절대로 손댈 수 없는 '성역'으로 떠받들기만 할 테니까.

— 〈매일경제〉 2010년 12월 3일 자 '데스크칼럼'

🎴 역시 문제는 고용이다

누가 뭐라고 해도 관심은 일자리다. 경기가 회복됐다고 어깨를 으쓱대 봐야 암울한 고용지표에는 고개를 숙인다. 한국이든 미국이든 예외 없다.

지난 3분기 미국 국내총생산 GDP 성장률이 2.6퍼센트로 나오자 낙관론이 잠시 불거졌다. 이내 실업률 10.2퍼센트 발표에 풀이 죽었다. 예상은 했지만 막상 현실화되자 달랐다. 회복세가 다시 고꾸라지며 하강 국면으로 가는 이른바 '더블딥'에 대한 우려가 고개를 빳빳하게 들었다. 추가 경기부양책이 오히려 힘을 얻는다.

실업률 10.2퍼센트는 기록상으로 26년 만의 최고치였다. 그러나 실질실업률로 보면 대공황 이후 80여 년 만의 최악이라고 〈뉴욕타임스〉는 주장했다.

실질실업률이란 최근 4주간 일자리를 찾지 못한 공식 실업자에다 구직 단념자와 파트타임 근로자를 포함한 개념이다. 신문이 전한 실질실업률은 17.5퍼센트였다. 미국인 여섯 명 중 한 명은 실업자이거나 제대로 된 일자리를 갖지 못하고 있다는 얘기다.

우리 정부도 실업에 관한 한 자신이 없다. 최근 만난 윤증현 기획재정부 장관은 긴 한숨을 내쉬었다. 아무리 경제가 회복 기미를 보인다고 한들 멀쩡한 젊은이들이 일자리를 찾지 못하는데 무슨 소용이 있느냐고 했다.

이명박 대통령은 며칠 전 라디오 연설에서 "청년들도 안정된 직장만을 찾을 것이 아니라 변화하는 현실에 맞추라"고 주문했다. 이 대통령은 "대학을 졸업한 고학력 실업자들은 늘어나는 데 반해 중소 기업은 지금도 20만 명이 넘는 인력이 부족하다고 호소한다"고 지적했다. 대통령이 심각한 현실을 대놓고 언급할 수 없으니 에둘러 표현한 것일 뿐 심각함을 느끼고 있는 건 윤 장관과 같아 보인다.

고용은 여전히 겨울잠에 빠져 있다. 희망근로 등 일시적 일자리를 제외하고는 사실상 감소 추세다. 민간 부문에서의 고용 회복이 이뤄지지 않고 있기 때문이다. 지난 10월 취업자 수는 전년 동월 대비 1만 명 증가에 그쳤다. 9월의 7만 1,000명에 비해 큰 폭의 감소다. 성장률이 다소 회복 조짐을 보이자 연간 취업자 수 증감을 당초 15만 명 감소에서 10만 명 감소 정도로 낮춰 잡았던 정부는 머쓱해졌다.

우리의 공식 실업률은 10월 현재 3.2퍼센트다. 청년층 실업률은 7.5퍼센트다. 경제협력개발기구 OECD 국가 평균 실업률은 9월 현재 8.6퍼센트다. 비경제활동 인구 중 '취업준비자'를 포함한 체감실업률은 공식 실업률의 두 배 정도다. '쉬었음'을 포함한 광의의 체감실업률은 세 배를 넘는다.

민주당 강운태 의원은 지난 10월 국정감사에서 심각하게 문제를 제기했다. 8월 현재 정부 공식 통계상 실업자는 90만 5,000명으로 실업률이 3.7퍼센트지만 취업준비생 64만 4,000명, 구직단념자 17만 8,000명, 쉬었음 145만 2,000명을 포함하면 총 317만 9,000명이 일자리를 갖고 있지 않다고 했다. 사실상 실업률은 13.8퍼센트에 달한다는 것이다.

청년 백수와 '사오정'이 즐비한 현실을 감안하면 이런 주장에 더

귀가 기울여진다. 대학까지 마치고 노는 젊은이나 40~50대에 벌써 직장에서 밀려난 장년들이 주위에 널려 있다.

OECD는 실업률뿐 아니라 고용률도 적극 활용하라고 권장한다. 고용률은 15~64세 인구 중 취업자를 말한다. 우리의 고용률은 10월 현재 59.3퍼센트다. 통계청이 고용률도 밝히지만 별로 주목받지 못한다. 정부도 고용률 지표 사용에 소극적이다.

고용률은 청년 백수 등까지 모두 포함하기 때문에 우리의 현실을 반영하는 실질적인 고용 통계라고 볼 수도 있다. 실업 통계에 관한 한 눈 가리고 아웅 식으로 감추려고 해서는 안 된다. 정치적으로 부담을 주고 사회적으로 불안감을 주더라도 그대로 공개해야 한다. 현실을 가능한 한 최대한 반영하는 통계와 지표를 국민들에게 제시해야 한다. 그래야 정부도 대책을 제대로 마련하고, 일자리를 얻지 못해 헤매는 당사자들도 더 치열하게 대안을 찾을 것이다.

— 〈매일경제〉 2009년 11월 20일 자 '데스크칼럼'

지난번 칼럼 때 한국에 위기의식이 없어 보인다고 짚은 뒤 두 갈래의 반응이 왔다. 먼저 딴 나라에서 온 외계인 취급을 받았다. 해외에 오래 있다 보니 현실을 보는 감이 떨어졌다는 핀잔이었다. 다른 쪽에서는 맞는 얘기라며 동조해 줬다. 그런 경향이 다분한데도 너무 둔감해 걱정이라는 의견도 더했다. 경기에 대한 진단은 보는 이에 따라, 또 방향과 각도에 따라 다를 수 있다.

사실 최근 들어 경제가 위기 국면에서 벗어나고 있다는 지적을 잇달아 접한다. 세계경제는 물론이고 한국경제에 대해서도 마찬가지다. 벤 버냉키 미국 연방준비제도이사회 의장은 금리 결정 회의 후 "불황이 바닥에 도달한 것 같다"고 말했다. 항상 은유적인 표현을 쓰려고 애쓰는 버냉키의 어법을 감안하면 상당히 자신감 있는 표현이다. 전미실물경제협회 NABE 가 경제 전문가들을 대상으로 실시한 조사에서 응답자 중 82퍼센트는 경기 침체가 끝난 것으로 생각한다고 했다. 위기에서 탈출했다는 데는 공감대가 이뤄지는 듯하다.

윤증현 기획재정부 장관도 한국경제에 대해 비슷한 진단을 내린다. 윤 장관은 올해 성장률이 마이너스이기는 하지만 0퍼센트에 거의 근접할 것으로 얘기했다. 내년에는 4퍼센트가량의 성장률을 자신했다. 경제 정책을 총괄하는 장관이 이렇게 호언할 만큼 한국경제에 온기류는 확연해지고 있나 보다.

그렇다면 인정하자. 필자는 경제학자도 아닐 뿐더러 전문가로 나서기도 자신 없으니 남의 의견에 동조만 하련다. 그러나 이런 기회에 할 일이 있다. 조금이라도 분위기가 좋아졌다고 여겨질 때 힘들고 어려운 일을 해치우자는 것이다. 잘나갈 때 비 올 날에 대비해 미리 우산을 챙겨 두자는 좋은 뜻도 있다. 정부, 기업, 가계에 이르는 경제 주체들에 던지는 조언이다.

정부는 불요불급한 지출을 줄여야 한다. 재정에서 마구 돈을 풀어 위기에서 겨우 탈출했는데 벌써 지출을 줄이라면 무책임해 보일 수도 있다. 그렇다고 해도 400조 원을 웃도는 국가 채무에다 한 해 50조 원이 넘는 재정 적자를 안고 있는 처지니 어떻게든 허리띠를 졸라매는 모습을 항상 보여야 한다.

기업은 구조조정에 나서야 한다. 버거운 분야를 빨리 덜어 내야 한다. 위기라는데도 좋게 나오는 실적은 사실 재고 정리에서 비롯된 측면도 다분하다. 중국 시장에서의 수요 폭증 덕도 봤다. 중국 정부의 과감한 경기 부양책은 '쟈뎬샤샹家電下鄉', '자동차하향汽车下乡'이라는 표현까지 낳았다. TV, 디스플레이, 반도체 등의 선전은 중국 수요 증가가 크게 한몫을 차지했다고 봐야 한다.

대통령 경제특보로 일하는 강만수 국가경쟁력강화위원장은 "삼성전자나 LG전자에 환율 효과가 없었다면 분기 사상 최대 흑자 이익이 아니라 최대 적자를 봤을 것"이라고 경고했다.

한국경제 전체로 봐도 처리해야 할 골칫덩어리가 몇 개 있다. 금호그룹이 손을 들어 버린 대우건설이나 산업은행이 팔아야 할 대우조선, 증자 문제로 줄다리기 중인 GM대우 같은 공룡은 조금이라도 상황이 좋아질 때 빨리 해치워야 한다.

가계는 빚을 줄여야 한다. 가계 부채는 우리 경제 전체의 국내총생산 규모를 웃돌 만큼 심각한 수준이다. 금리 낮다고 빚 끌어다가 부동산에 투자하고 즐기다가 상황이 갑자기 바뀌면 뒤통수 맞기 십상이다. 가계의 주택대출 연체율은 속성상 쉽게 늘지 않는다. 버티다 막판에 포기할 무렵쯤에야 높아지기 시작한다. 이때쯤이면 늦다.

경기가 풀려 가는 것은 인정하겠다. 지난번엔 아마추어 저널리스트의 진단 오류였다고 비판하면 기꺼이 받아들일 수 있다. 그런 건 중요하지 않다. 정부든 기업이든 가계든 분위기 좋을 때 허리를 졸라매라. 건전하게 미래를 대비하자.

— 〈매일경제〉 2009년 10월 16일 자 '데스크칼럼'

🍃 한국경제 왜 강한지 아느냐고?

사람들 눈높이는 천차만별이다. 다 아는 얘기지만 절반쯤 담긴 물컵을 보는 견해도 다르다. 한쪽에는 '반이나 남아 있네'가 있다. 낙관론이다. 반면 '겨우 절반밖에 없네'도 나온다. 이건 부정론이다. 고정된 사물에 대해서도 이렇게 시각이 다른데 경제현상에 대해서는 오죽할까.

워싱턴특파원을 마치고 3년 만에 돌아온 한국은 많이 달라 보였다. 사람들은 들떠 있었다. 여름 휴가철 때문이기도 하겠지만 의외였다. 세계 경제를 휘감고 있는 불황의 여파가 한국에도 어둡게 드리워 있을 것으로 예단했는데 오판이었다.

겉으로 보이는 한국에는 분명히 경제위기나 불황 징후는 없었다. 주식시장 종합주가지수가 1,600을 넘었으니 당연할 수 있다. 재개발 덕분이라며 서울 일부 지역 부동산값은 폭발적으로 뛰었다. 자산가치가 이렇게 올랐으니 보유자들 재산도 함께 늘었을 것이다.

세계경제에 100년 만에 위기를 가져왔던 리먼브라더스 파산 후 1년밖에 안됐는데 주변은 온통 장밋빛이다. 한국은 위기 극복에 가장 모범적이라고 자랑한다. 때맞춰 영국 신용평가사 피치가 한국에 대한 신용등급 전망을 상향조정까지 했으니 그럴 만하다. 정부는 혹시 한국경제의 바닥 탈출, 위기 극복을 공식 선언할까 고민하는 것 아닌가도 싶다.

발 빠른 어느 국책은행 산하 연구소는 올해 세계경기 침체 속에서도 한국경제가 빠른 회복세를 보인 배경을 분석했다며 보고서를 내놓았다. 제목이 '한국 경제 왜 강한가'다. 정부의 신속하고 과감한 경기부양예산 투입과 재정 조기집행이 경기회복을 이끌었다고 치켜세웠다.

불과 한 달 전만 해도 미국에서는 마음을 풀지 않고 있었다. 정부나 기업, 가계 모두 마찬가지였다. 매번 최고치를 경신하던 실업률이 9.6퍼센트에서 9.5퍼센트로 조금 떨어졌다고 안도는 했지만 경기회복을 운운하지 않았다. 후행지표니 그럴 수밖에. 미국 자존심이었던 자동차 기업 GM이 파산보호를 신청한 후 그 불똥이 어디로 튈지 노심초사하고 있었다.

경기회복을 알리는 지표가 없는 건 아니다. 지난 1일 발표된 제조업지수는 19개월 만에 확장 국면으로 나왔다. 그렇지만 미국 재무부나 중앙은행은 아직도 경제가 취약하다는 점을 강조한다. 열 명 가운데 한 명은 일자리를 얻지 못하고 있는 상황은 분명 비정상이기 때문이다.

추가 부양책을 주저 없이 주장하는 이들도 많다. 부양책 약발이 다하면 다시 제2의 경기침체로 갈 수 있다는 염려도 함께 제기한다. 이른바 '더블딥 double dip'에 대한 걱정이다. 누리엘 루비니 Nouriel Roubini 뉴욕대 교수 같은 비관론자들 외에 비교적 낙관적으로 경기를 봐 왔던 중도파도 가세하고 있다.

우리 정부와 국민은 10년 전 외환위기를 1년 반 만에 극복했다는 자신감이 있다. 이번 경제위기도 1년 만에 극복했다고 자랑하고 싶을 게다. 그러나 조심해야 한다. 국내 최대 자산운용사를 이끄는 박현주 미래에셋 회장은 긴 안목에서 보자며 한국경제 취약점을 서슴없이 짚었다. 취약한 내수와 버블에 가까운 부동산값 상승이었다. 10년 후, 20년 후 한국경제를 멍들게 만들 대목에 대한 염려였다.

100년 위기 해법은 각국에 걸쳐 예외 없이 재정지출 확대를 통한 수요 창출이었다. 그 앙금은 막대한 재정적자로 남는다. 미국은 당장 올 한 해에만 1조 8,500억 달러 적자를 떠안을 판이다.

한국도 GDP 대비 5퍼센트까지 늘어날 것으로 보고 있다. 50조 원에 이르는 재정적자를 공공연하게 떠안는 재정구조 앞에 위기극복을 내세우는 건 무책임한 일이다.

없는 위기를 조장할 생각은 아니다. 지나치게 겁을 내는 것일지
도 모른다. 그러나 정부든 가계든 우리 주변에 '위기의식'이 사라졌
다는 건 부인하지 못할 일이다.

— 〈매일경제〉 2009년 9월 4일 자 '데스크칼럼'

세계경제와 한국경제

.
.
.

죄악세 부과의 달콤한 명분

재정학 교과서 《조세론》에는 재미있는 표현이 있다. '죄악세 sin tax'
다. 국민 건강과 복지 증진에 나쁜 영향을 끼치는 특정 품목의 소비
를 억제하기 위해 부과하는 세금이다. 소비될수록 소비자에게 해를
끼치니 못 쓰도록 부담을 주자는 것이다. 담배, 술, 경마, 도박 등이
해당된다.

미국에서는 캘리포니아 주와 뉴욕 주 등 일부에서 이미 청량음료
에 세금을 부과하고 있는데 연방정부 차원에서 이를 법제화하려는
움직임이다. 비만을 유발하는 식품이라며 소다음료 온스당 1센트의
죄악세를 추진하려고 한다. 달콤한 소다음료를 즐기는 이들은 멀리

한 이들에 비해 비만으로 갈 확률이 27배나 높다는 연구 결과 때문이다.

청량음료 섭취는 설탕을 직접 먹는 것과 마찬가지로 몸에 안 좋은 영향을 미친다는 것이다. 버락 오바마 미국 대통령은 이에 긍정적인 입장인데 음료회사들의 반발이 거세 시간을 끌고 있다. 미국음료협회는 비만이라는 현상은 설탕 섭취라는 한 가지 요인만이 아니라 여러 가지 복잡한 요인이 작용한 결과라는 주장을 펼친다. 인도에서는 당분을 첨가한 탄산음료에 음료 가격의 40퍼센트에 해당하는 죄악세를 부과하려는 과격한 정책까지 거론될 정도다.

반면 수십 년간 청량음료에 죄악세를 부과해 오던 덴마크는 2013년 죄악세 부과를 폐지했다. 청량음료 시장을 활성화해 일자리 창출과 경기를 부양하려는 취지였다. 매년 청량음료에 부과한 세금을 평균 4퍼센트씩 올리던 필리핀도 2014년 이를 폐지하는 쪽으로 돌아섰다.

캐나다에서는 마리화나를 합법화하고 세금을 매겨 한 해 수십 억 달러의 세금을 걷고 있다. 미국 콜로라도 주도 마리화나 죄악세 부과에 동참했다. 영국에서는 썩지 않아 지구를 황폐화시키는 비닐이나 플라스틱에도 죄악세를 적용하고 있다. 이런 식으로 보자면 대기를 오염시키는 화석연료는 물론 자동차 운행을 둘러싸고 부과되는 주행세나 통행료도 죄악세에 해당될 수 있다.

2015년 담뱃세 인상으로 한 해 담배 세수가 사상 처음 10조 원을 넘어섰다. 주세는 2014년에 이미 3조 원을 넘었으니 술과 담배에 붙는 죄악세가 13조~14조 원으로 개인사업자들이 내는 종합소득세와 비슷한 규모로 늘었다.

1위 업체 하이트진로의 소주 출고가격 인상 후 다른 업체들도 이에 합류할 조짐이니 전체로 번지면 주류 출고가에 매겨지는 주세와 일선 영업장에서 판매되는 소주 가격 인상분에 대한 부가가치세까지 합쳐 정부가 챙길 죄악 세수는 더 늘어날 수 있다. 죄악세를 술, 담배, 도박, 경마 외에 자동차 소비로부터 걷은 세금까지 넓혀 잡을 경우 납세자연맹 집계로는 2012년 이미 55조 원을 웃돌아 그해 부가가치세 전체 규모와 거의 같은 수준이었다.

담배에 부과되는 세금을 보면 소비세, 교육세, 국민건강증진기금, 부가가치세, 폐기물부담금 등이다. 판매되는 담뱃값의 63퍼센트를 차지한다. 이런 세금 부담 때문에 담뱃값을 올리면 담배 소비가 줄어들 것으로 봤지만 정부의 예상보다 덜 줄었다. 전년 6조 9,800억 원이었는데 담뱃값 인상 후 3조 5,200억 원이나 세금을 더 걷는 데 성공했다.

담뱃세를 올려 담배 소비를 줄게 한 나라는 영국을 꼽을 수 있다. 영국에서는 담뱃값의 90퍼센트가 세금이고 매년 물가 오름세에 맞춰 값을 자동으로 올리도록 해놓았다. 1990년 1.65파운드였던 담뱃값은 2013년 7.98파운드로 다섯 배나 올라버렸다. 그 기간 중 담배 판매량은 반 토막으로 줄어들었다.

재정당국은 나라 곳간 사정이 어려워지면 직접 증세에 비해 조세 저항이 비교적 적고 명분이 있는 죄악세를 많이 부과한다. 오바마 대통령은 2009년 건강보험 개혁을 추진하면서 어린이 400만 명에게 혜택을 확대하는 조항을 추진하면서 연방 담뱃세를 2.6배나 올렸다. 2008년 79억 달러였던 담배 세수는 2009년 128억 달러로 늘어났다.

하지만 죄악세 과세 대상 품목은 저소득층이 상대적으로 더 많이 소비하는 경향을 보이니 이런 역진적 세금의 비중이 높아질수록 계층 간 불평등을 심화시킨다는 데 심각한 문제가 있다.

— 〈매일경제〉 온라인 2016년 1월 9일 자 '매경프리미엄'

📚 경제규모, 미국의 60퍼센트까지 쫓아온 중국

국가별 순위를 매긴 결과는 어떤 분야든 시선을 끈다. 어느 나라가 맨 위에 있는지, 앞선 국가를 누가 추월해 뒤집었는지 등에 흥미를 갖게 마련이다.

경제 분야에서도 마찬가지다. 전체 규모를 나타내는 국내총생산 GDP과 이를 국민 수로 나눈 1인당 GDP 같은 수치는 순위에 따라 국가의 체면이 달라지고 경쟁도 자극한다.

국제통화기금 IMF이 내놓은 2015년 명목기준 국가별 GDP 추계 수치를 보면 눈에 띄는 변화들이 적지 않다. 순위에서는 미국, 중국, 일본, 독일, 영국 등 1위부터 5위까지 경제대국 위상에 변동이 없다. 미국과 중국은 규모를 키웠지만 일본, 독일, 영국 등의 GDP는 오히려 줄어들었다. 세계 경제 평균성장률이 3퍼센트를 유지하기 힘들 정도로 침체 상태에 있으니 어찌 보면 당연할 수 있다.

외형 성장에서는 역시 중국을 주목하지 않을 수 없다. 그동안 유지해온 8퍼센트대 성장률 기조를 포기하고 올해 6퍼센트대 성장률을 겨우 유지하고 있지만 그래도 전체 규모는 11조 2,120억 달러로 2014년에 비해서도 늘었다. 2015년엔 11조 2,119억 달러로 미국의 18조 1,250억 달러 대비 60퍼센트까지 따라왔다.

미국 GDP 규모를 기준으로 중국 GDP를 비율로 견줘 보면 성장속도에서 놀라움을 금할 수 없다. 1990년 미국의 7퍼센트에 그쳤던 중국 GDP는 1996년 11퍼센트로 늘었고 2006년 20퍼센트로 올라선 뒤 2008년 30퍼센트로, 2010년 40퍼센트로 따라갔다. 이런 증가 추세 때문에 일부 경제학자들은 2050년에는 중국 GDP가 미국보다 더 많아질 것이라는 관측을 서슴지 않고 내놓고 있다.

중국은 2010년 일본을 제치고 2위 자리로 올라섰다. 일본은 1968년 당시 서독을 제치고 2위 경제대국으로 부상해 위상을 이어갔는데 43년 만에 후발 주자에게 추월당하고 말았다.

중국은 구매력평가지수purchasing power parity로 본 GDP에서는 2014년부터 이미 미국을 제치고 세계 1위로 올라섰다. 이 기준으로 보면 인도도 세계 3위에 와 있다. 구매력평가지수란 화폐의 구매력으로 GDP를 조정해 상대적인 실제 구매력을 나타낸 것이다. 특정 재화와 서비스에 대해 기준 국가 화폐 1단위로 살 수 있는 것과 동일한 양을 살 수 있는 비교 국가의 화폐단위를 의미한다. 예를 들어 맥도날드 햄버거를 미국에서 2달러에 살 수 있고, 한국에서 2,500원에 살 수 있다면 1달러당 환율은 1,250원이 되고 이를 기준으로 GDP 규모를 산정하는 것이다.

한국의 2015년 명목기준 GDP는 1조 4,351억 달러로 세계 11위로 올라섰다. 2014년 13위에서 두 계단 뛰어올랐다. 원자재값 하락으로 직격탄을 맞은 러시아가 뒤로 밀렸고, 오스트레일리아도 주춤하면서 우리가 앞섰다.

구매력평가지수 기준 GDP에서도 한국은 세계 13위에 자리하고 있으니 경제규모에서는 명실상부한 상위 그룹이라는 데 이견을 달 수 없다.

우리 GDP에서 수출과 수입이 차지하는 비중이 높은데 세계 무역 증가율은 2퍼센트대에 머물고 있다. 올해엔 5년째 이어오던 무역 1조 달러도 유지하지 못하고 줄어들 정도로 어려움을 겪었다. 안팎으로 팍팍해진 여건 속에서 한국이 2016년 GDP 순위에서 세계 톱 10에 진입할 수 있을지 자신하기는 만만치 않아 보인다.

— 〈매일경제〉 온라인 2015년 11월 28일 자 '매경프리미엄'

물의 중요성은 아무리 강조해도 지나치지 않다. 우리 몸을 구성하는 물질 중 70퍼센트가 물이다. 근육은 75퍼센트, 뇌는 80퍼센트 이상이 물 분자로 채워져 있다.

음식을 먹으면 물에 녹은 상태로 소화되고 흡수된다. 물은 생명 유지에 필요한 화학반응의 매개이면서 체온과 삼투압 조절 그리고 산성도 유지 등에 필수적인 요소다. 위와 장 등 소화기관은 물이 적정량 있어야 유지될 수 있다. 운동을 했거나 탈수 현상 때문에 체내에 있는 물이 땀이나 다른 방식으로 배출되면 갈증을 느끼고 즉시 물을 마시게 하는 건 자연의 섭리이자 조화다.

마시는 물에 대한 관심이 높아지면서 생수시장 규모도 갈수록 커지고 있다. 최근 국내에서는 상대적으로 생소했던 탄산수나 해양심층수 보급이 늘어나는 등 몸에 좋은 새로운 물을 찾는 욕구가 커진다.

탄산수에는 미네랄 성분이 많아 마그네슘, 칼슘, 철분 등을 보충할 수 있고 함유된 가스 성분이 장운동을 도와준다는 점 덕분에 인기다. 2011년 100억 원 수준이었던 국내 탄산수 시장은 2014년 400억 원으로 급증했다. 2015년에는 800억 원으로 껑충 뛸 것이라는 전망이다. 한국에서는 탄산수가 아직 전체 생수시장에서 2~3퍼센트에 그치지만 독일은 80퍼센트, 프랑스는 30퍼센트에 이른다니 성장 가능성을 기대해볼 만하다.

해양심층수는 햇빛이 도달하지 않는 수심 200미터 이하 바닷물이다. 대양을 순환하는 해수가 북극 그린란드나 남극 빙하 해역에서 수온이 2도까지 떨어진다. 이렇게 차가워진 수온과 깊은 수심으로 인해 유기물이나 오염물질이 없어 깨끗하고 미네랄과 영양염류가 풍부하다고 한다.

해양수산부가 펴낸 수자원장기종합계획을 보면 우리나라 1인당 이용 가능한 수자원 양은 연간 1,553㎥로 세계 평균 8,372㎥에 비해 한참 부족하다. 국제인구행동연구소 PAI 집계로는 세계에서 129위에 그칠 정도로 물 부족 국가다. 우리나라에 물이 부족한 원인은 국토가 좁고 인구밀도가 높은데 강수량이 여름에 집중되기 때문이다. 기후 변동으로 근래에는 봄 가뭄도 자주 나타나고 있으니 문제다.

OECD가 발표한 '2050년 환경전망'에서는 우리나라가 2025년 물 기근 국가로 전락할 것으로 내다봤다. 2050년에는 1년간 쓸 수 있는 수자원을 물의 총수요량으로 나눠 산출하는 물 스트레스 수준이 OECD 국가 중 1위가 될 것이라고 하니 심각하다.

20세기 국가 간 분쟁은 석유 확보를 위한 다툼이었다면 21세기 분쟁은 물 때문으로 변할 것이라는 경고가 현실로 나타날 것 같다.

— 〈매일경제〉 온라인 2015년 4월 8일 자 '매경프리미엄'

🗇 한 도시에 3,700만 명이 모여 산다

거주 인구가 1,000만 명을 웃도는 메가시티 출현은 현대사회의 발전과 변화를 가장 압축적으로 반영하는 결과물이다. 멀리 보자면 미래의 세상을 읽게 하는 트렌드로도 간주할 수 있다.

주된 생활무대가 농어촌에서 도시로 옮겨진 건 봉건사회가 무너지고 자본주의가 발전한 것과 비례했다. 1800년대 초만 해도 도시 인구는 전체의 3퍼센트에 불과했다. 하지만 200여 년 만에 도시 인구가 전체의 절반을 넘어섰다. 세계인구통계에 의하면 도시 인구 비중이 전체의 50퍼센트를 웃돈 건 2009년부터다. 2030년에는 60퍼센트 50억 명으로 추산가 도시에 거주할 것으로 예상한다. 반면 농촌 인구는 감소한다. 유엔경제사회국 DESA은 34억 명에 이르는 전 세계 농촌 인구가 2020년 정점을 찍은 후 2050년 31억 명으로 감소할 것으로 전망했다.

1,000만 명 이상이 한 도시에 거주해 형성된 메가시티는 1975년까지만 해도 뉴욕, 도쿄, 멕시코시티 세 개에 불과했다. 그런데 2009년 스물한 개로 급증했다. 아시아에 열한 개, 남미에 네 개, 아프리카, 유럽, 북미에 각각 두 개씩이다.

DESA는 2025년에는 메가시티가 스물아홉 개로 늘어날 것으로 내다봤다. 신생 메가시티들은 주로 개발도상국에서 나타나 아시아에서 다섯 개, 남미에서 두 개, 아프리카에서 한 개 등이 추가될 것이라는 예상이다. 구체적으로 중국에서만 선전, 충칭, 광저우 등 세 개

도시가 메가시티로 올라선다. 인도네시아 자카르타와 파키스탄 라호르도 후보다. 남미에서는 콜롬비아 보고타와 페루 리마다. 아프리카에서는 콩고의 킨샤사가 1,500만 명의 인구로 늘어날 것이라는 전망이다.

인구수에서 단연 수위인 일본 도쿄에는 3,710만 명이 모여 살 것이다. 인도의 경우 델리 2,860만 명, 뭄바이 2,580만 명, 콜카타 2,010만 명 등 세 개 도시가 각각 인구 2,000만 명 이상을 수용하는 메가시티로 부상할 것이라고 한다.

늘어나는 메가시티의 수만큼 경제적 비중도 당연히 확대된다. 국가별로 산출하고 있는 국내총생산 GDP 을 도시에 적용해보면 도쿄가 일본 전체 GDP의 40퍼센트 정도를 차지한다. 인도 IT 도시 뭄바이의 GDP는 2030년에 2,650억 달러로 커져 웬만한 국가 전체 GDP를 넘어서는 규모로 커질 것이라는 관측이다.

메가시티는 이렇게 경제적으로 그 나라의 중심에 자리할 것인 만큼 인적 자본이 집중될 뿐 아니라 거대한 소비 시장이 형성된다. IT, 교통, 통신 등 사회적 인프라스트럭처가 가장 잘 갖춰지니 글로벌 기업들이 지역 본사나 연구개발 R&D 센터로 활용하고 이를 통해 발전해가는 선순환 구조를 갖는다.

— 〈매일경제〉 온라인 2015년 1월 13일 자 '매경프리미엄'

바벨탑을 쌓아 하늘에 닿아 보려는 인간 본연의 욕망은 세대를 초월해 이어지는 것인가. 나라마다 도시마다 가장 높은 빌딩, 이른바 마천루를 지으려는 경쟁이 뜨겁다.

현존하는 최고 건물은 2010년 문을 연 부르즈 할리파로 163층에 828미터 높이다. 아랍에미리트 두바이의 랜드마크로서 두바이라는 도시를 세계에 알리는 데 톡톡히 기여했다.

2012년 완공된 634미터의 도쿄 스카이트리는 부르즈 할리파에 이어 2위 높이지만 일반 건물이 아니고 방송용 전파탑이다. 기존 방송용 송신탑으로는 미국 노스다코타 주에 있는 628.8미터의 KVLY-TV탑이 있었다.

세계초고층도시건축학회CTBUH 규정에 의하면 초고층 빌딩은 높이 200미터 이상 또는 50층 이상 건물을 말한다. 세계 최초의 마천루는 1885년 시카고에 세워진 60미터 높이의 10층짜리 홈인슈어런스 빌딩이었다. 완공 행사 때 당시 리처드 댈리 시카고 시장은 "다음 세기를 미리 보고 있는 듯하다"고 벅찬 감격을 표현했다. 20세기 들어 본격적인 초고층 빌딩 건설은 1931년 문을 연 103층 443미터 높이의 미국 뉴욕 엠파이어스테이트빌딩에 의해 시작됐다. 1972년 뉴욕 월드트레이드센터 쌍둥이빌딩이 완공될 때까지 40년 가까이 세계 최고 지위를 유지했다.

두바이 부르즈 할리파는 최고 자리를 곧 내줘야 한다. 중국 후난

성 창사에 220층 838미터짜리 스카이시티가 2013년부터 건설되고 있다. 쿠웨이트 부르즈 무바라크 알카비르 1,001미터 는 2016년에, 사우디아라비아 킹덤타워 1,600미터 는 2017년 완공이 목표다. 두바이의 나킬타워 1,490미터 와 시티타워 2,400미터 는 2025년까지 준공될 예정이다. 우리는 1985년 개관한 높이 264미터의 63빌딩으로 겨우 마천루 대열에 끼었는데, 2016년 말 준공 예정인 롯데월드타워를 가져도 123층 555미터 높이로는 상위를 유지하기 힘들다.

영국 신문 〈가디언〉은 지난 10월 '수직도시 환상에 빠져든 중국'이라는 제목으로 중국 내 초고층 빌딩 건설 붐을 전했다. 2015년 1월 1일 개장을 목표로 짓고 있는 상하이타워는 681미터로 세계 2위 빌딩으로 등극한다. 쑤저우, 선전, 우한 등에 초고층 빌딩을 경쟁적으로 짓고 나면 중국은 2020년 세계 톱10 중 여섯 개를 차지할 것으로 전망된다.

마천루 경쟁에는 '블루 스카이 이코노믹스'라는 저주론이 따라다닌다. 1931년 엠파이어스테이트빌딩 때의 대공황, 1972년 월드트레이드센터빌딩 완공 후 오일쇼크로 인한 불황, 1998년 말레이시아 페트로나스타워 완공 후 외환위기 등 때문이다. 빌딩 건설이 불황을 가져온 것은 아닐 것이다. 다만 짓기 시작할 때는 호황의 정점이고 완공된 후에는 불황이 시작되는 경우가 많았던 것은 부인할 수 없는 사실이다.

— 〈매일경제〉 온라인 2014년 12월 24일 자 '매경프리미엄'

2008년 10월 말 한·미 통화스왑은 큰 분수령이었다. 이미 국제통화기금IMF에서 220억 달러를 끌어다 쓸 수 있었지만 분위기를 확 바꿨다. 이를 바탕으로 중국, 일본과도 통화스왑을 각각 300억 달러로 확대할 수 있었다. 모두 합쳐 1,120억 달러에 달하는 외화를 비상시 끌어다 쓸 안전장치로 확보해 놓고 그해 위기를 넘겼다.

한·미 통화스왑 체결이 발표된 2008년 10월 30일 새벽 6시 40분 기자는 워싱턴DC에 있었다. 미국도 한국보다 조금 앞서 공식 발표했다. 연방공개시장위원회FOMC 회의를 마친 현지시간 29일 오후 세 시 넘어서였다. 미국에서 협상하던 이광주 당시 한국은행 국제담당 부총재보는 워싱턴에서 기차로 뉴욕에 간 뒤 밤새 한국행 비행기로 귀국했다. 새벽 5시 30분에 도착한 후 한은 기자실로 달려가 이성태 총재 발표에 배석했다. 그 시간 배달된 〈매일경제〉 1면에는 '한·미 300억 달러 통화스왑 체결'이라고 찍혀 있었다. 워싱턴특파원으로 일하면서 미국이 속속 맺던 통화스왑에 일찍 주목했다. 한 취재원에게서 "한국과 맺는다면 국내총생산GDP 규모가 비슷한 나라와 같은 금액이 아니겠느냐"는 귀띔을 들었다. 호주와 체결한 300억 달러를 감안했다. 덕분에 양국 발표에 맞춰 300억 달러를 콕 집어낸 특종을 할 수 있었다.

미국은 2007년부터 통화스왑을 맺기 시작했다. 9월 유럽중앙은행ECB, 영국, 스위스를 첫 상대로 택했다. 2008년 일본이 추가됐다. 네 개 상대와 체결한 스왑 규모는 무제한이었다. 9월 15일 리먼브라더스 파산 후 캐나다와 호주를 추가했다. 덴마크, 노르웨이, 스웨덴도 넣었다. 이어 뉴질랜드가 더해졌다. 10월 말 신흥국 4인방인 한국, 브라질, 멕시코, 싱가포르가 추가됐다. 14개국이 '팍스 달러리즘' 안에 들어간 것이다. 미국 중앙은행이 달러를 공급해준다는 약속인 만큼 외환위기를 막을 원천적인 장치를 갖춘 것이다. ECB, 영국, 스위스, 일본에는 무제한이고 나머지엔 150억~300억 달러 한도지만 필요하면 더 늘릴 수 있었다. 연방준비제도이사회FRB가 뒤에서 밀어준다는 걸 공표했으니 투기세력 공세에도 대비하고 외화가 빠져나가는 도미노 현상도 막을 수 있다. 미국은 14개국을 공범으로 만듦으로써 금리정책 등 시장 대응조치에서 자기들을 따라오지 않을 수 없게 만들었다.

이렇게 외환위기에 대비한 안전장치였던 통화스왑은 이후 성격이 달라졌다. 자국 통화의 국제화를 위해, 때로는 정치적인 고려에 따른 영향력 확대를 위해 쓰인다. 중국이 대표적이다. 위안화 국제화를 내걸며 스왑을 매개로 통화영토 확장에 열을 올리고 있다. 중국은 2009년 홍콩, 말레이시아, 벨라루스, 인도네시아, 아르헨티나, 2010년 아이슬란드, 싱가포르, 2011년 뉴질랜드, 우즈베키스탄, 몽골, 카자흐스탄 등으로 확대했다. 2012년엔 아랍에미리트, 말레이시아, 터키, 호주 등을 추가했다. 한국과는 2011년 10월 3,600억 위안약 64조 원 규모로 통화스왑을 다시 맺었다. 홍콩 4,000억 위안에 이어 두 번째 규모다. 당초 2년 만기에서 올해 6월 박근혜 대통령 방중 때 5년으로 늘렸다. 지난달엔 ECB와 3,500억 위안 규모로 통화스왑을 체결했다. 합치면 17개국에 이른다.

한국 외환보유액은 3,432억 달러로 세계 7위다. 단기외채는 외환 보유액 대비 3분의 1 수준으로 2008년 3월 정점을 찍은 후 계속 줄고 있다. 이제 한국도 외환위기 재발을 걱정할 일은 없는 듯하다. 오히려 원화 국제화를 위해 통화스왑을 활용하기 시작했다는 데 더 눈길이 간다. 올해 들어 말레이시아5조 원, 아랍에미리트5조 8,000억 원, 인도네시아10조 7,000억 원가 우리 통화스왑 상대가 됐다. 원화 국제화라는 긴 여정에서 작은 걸음을 뗐다. 그래도 의미 있다. 외환위기에 대비했던 안전장치로서 미국, 일본, 중국에 기댔던 통화스왑을 생각하면 격세지감이다.

— 〈매일경제〉 2013년 11월 26일 자 '매경포럼'

📚 라구람 라잔과 신현송

언론의 관심이 국민배우 샤룩 칸을 능가했다. 샤룩 칸은 영화 〈내 이름은 칸〉으로 유명한 볼리우드 최고 스타이니 짐작할 만하다. 지난 4일 취임한 라구람 라잔 인도 중앙은행 총재는 이렇게 유명세를 탔다. 올해 50세인 그는 40대 초반에 IMF 수석이코노미스트로 발탁됐다. 2005년 금융위기를 예견하며 각국에 대응을 촉구했다. 3년 후 위기는 실제로 터졌다. 〈이코노미스트〉는 2011년 시카고대 교수였던 그를 가장 영향력 있는 경제학자로 선정했다.

만모한 싱 인도 총리는 이런 라잔을 중앙은행 총재에 기용했다. 올해 들어 달러 대비 루피화 가치 폭락으로 인도가 신흥국 신新외환 위기의 본거지라며 궁지에 몰리자 꺼낸 카드다. 라잔은 첫날 대대적인 금융·통화개혁안을 발표했다. 인도 시중은행이 보유한 국외 거주 인도인의 달러 예금이나 국외 차입한 달러를 중앙은행에서 싼 금리로 루피와 스왑해 주기로 했다. 다음 날부터 루피화는 하락세에서 벗어났다. 주가도 오름세로 돌아섰다.

그는 명저《폴트 라인》에서 경제위기가 소득 불평등에 뿌리를 두는 만큼 강력한 정치적 힘에 뒷받침된 개혁만이 균형을 회복할 수 있다고 설파했다. 저금리라는 체제 유지를 위한 포퓰리즘 정책이 위기를 촉진했다고 주장했다. 그의 지론으로 보면 일단 고금리 정책으로 루피화 안정부터 꾀할 것으로 예상된다. 정치권 포퓰리즘 정책과도 싸울 것이다.

내년 3월 말 교체되는 한국은행 총재로도 스타 경제학자가 후보로 거론된다. 신현송 프린스턴대 교수다. 마침 세계 중앙은행들의 중앙은행 격인 BIS 국제결제은행가 지난주 그를 내년 5월부터 조사국장 겸 경제자문역으로 영입한다고 발표했다.

박근혜 대통령이 신 교수를 한은 총재로 고려하는지 알 수 없지만 BIS에 가기로 이미 약속했으니 어찌될지 궁금하다. 신 교수도 2006년 IMF 연차총회에서 서브프라임 모기지가 재앙을 몰고 올 것이라고 예견해 떴다. 옥스퍼드대에서 경제학박사를 딴 뒤 30세에 교수로 임용됐다. 대학 시절 황석영 소설을 영역해 출간할 만큼 문학적 재주도 가졌다. 학부 1학년 때 성적으로 1퍼센트 이내 학생에게만 주는 세 개 분야역사학, 철학, 경제학 복수학위에 도전할 자격을 얻기도 했다. 그의 논문은 각국 중앙은행에서 매뉴얼처럼 읽히고 있다. 영란은행 고문을 지냈고 뉴욕 연방은행 자문역도 역임했다. 이명박정부 때 청와대 경제보좌관으로 일하며 외환규제 3종 세트선물환포지션 규제, 외국인 채권투자 과세, 외환건전성 부담금 도입에 앞장섰다. 올해 54세니 경륜도 충분하다. 신 교수는 공급 중시 학자들이 홀대하는 금융정책의 중요성을 강조한다. 박사학위 논문도 투기자본의 외환시장 공격에 대한 당국의 대응을 다뤘다. 각국 중앙은행 간 정책공조를 위해 국제통화정책위원회 설립을 서두르자고 그는 주장한다.

리먼 사태 후 미국은 벤 버냉키 FRB 의장을 내세워 헬리콥터에서 돈 뿌리기로 대처했다. 오늘부터 이틀간 열리는 FOMC 회의에서 그동안 진행한 양적 완화를 이제부터 축소한다고 선언할지 세계가 주목한다. 일본은 아베노믹스로 따라갔다. 재정위기에 허덕이던 유럽도 7분기 만에 성장률이 플러스로 돌아섰다. 인도, 인도네시아 등 경상수지 적자가 심각한 신흥국에는 다시 외환위기 조짐이 일고 있다. 리먼 사태 후 5년을 맞는 지금 선진국이든 신흥국이든 위기에서 벗어났다고 섣불리 자신하지 못한다. 위기를 예측했던 경제학자들은 아직도 진행형이라고 말한다.

위기가 있는 한 그들 행보는 여전히 주목을 끈다. 또 다른 스타 경제학자였던 로렌스 서머스 전 하버드대 총장은 버냉키 FRB 의장 후

임으로 거의 근접했다가 빗발치는 비판 여론에 어제 스스로 고사해 버렸다. 정책담당자로 변신한 라잔과 신현송에게 화려한 스포트라 이트가 계속 이어질 수 있을까. 훈수꾼에서 집행자로 연착륙하는 데 성공할까. 세상일엔 서투른 서생書生에 불과했다는 아쉬운 평가를 듣지는 말았으면 한다.

— 〈매일경제〉 2013년 9월 17일 자 '매경포럼'

저금리라는 포퓰리즘

벤 버냉키가 대중 앞에 섰다. 지난 3월 20일 워싱턴DC 조지워싱턴대학교에서다. 미국 중앙은행Fed 수장으로서 6년 만의 공개 강연이었다. 그는 2008년 몰아닥친 글로벌 금융위기에 Fed의 책임을 물을 수는 없다고 강변했다. 저금리 정책이 금융위기의 방아쇠였던 주택경기 거품을 초래한 건 아니라는 거다. 주택가격은 금리를 내리기 전인 1990년대 말부터 올랐고, Fed가 2004년 금리를 올린 후에도 계속 올랐다는 것이다.

전임자인 앨런 그린스펀은 2000년 닷컴 버블 붕괴 이후 2004년까지 완화 정책을 폈다. 경기 경착륙을 막는다는 명분이었다. 버냉키역시 금융위기가 발발하자 2008년 12월 기준금리를 제로 수준0~0.25퍼센트으로 낮췄다. 이제는 아예 2014년 말까지 끌고 가겠다고 공언해놓았다. 그린스펀과 버냉키의 저금리 정책은 시장에 건전하지 못한 기대를 형성시켰다. 이제는 경기 침체로 실업이 늘면 중앙은행이 저금리와 유동성 지원에 나설 거라고 시장에서는 생각한다. 아니 그렇게 길들여져 있다.

버냉키의 강연 사흘 뒤 저금리 정책의 부작용을 우려하는 목소리가 주요국 중앙은행 총재들로부터 터져 나왔다. 미국 중앙은행이 주최한 한 콘퍼런스에서다. 그것도 버냉키를 면전에 앉혀 놓고 퍼부었다. 시라카와 마사아키 일본 중앙은행 총재는 "저금리는 투자를 끌어낼 수 있으나 시간이 지날수록 생산성은 물론 자원 배분을 비효율적으로 만들어 성장 잠재력에 역효과를 낼 수 있다"고 지적했다. 국제결제은행 BIS 의 하이메 카루아나 총재도 "저금리 정책은 기업과 금융사들이 손실을 인식하지 못하게 만들어 또다시 과도한 위험을 감수하도록 한다"고 말했다.

중앙은행 수장들의 저금리 관련 발언을 보면서 금융위기를 예언해 유명해진 라구람 라잔 시카고대 경영대학원 교수를 다시 떠올렸다. 라잔은 2010년 7월 〈파이낸셜타임스〉 칼럼에서 장기 저금리 정책이 제2의 금융위기를 초래하는 요인이 될 수 있는지 봐야 한다며 때를 놓치지 말고 금리를 올려야 한다고 강조했다.

2010년 펴낸 저서 《폴트 라인》에서 라잔은 저금리 정책을 체제 유지를 위한 이해 당사자 간 야합의 산물로 규정했다. 수익이 나면 화끈하게 보상하고 손실이 나면 가벼운 징계에 그치는 인센티브 시스템은 금융권의 리스크를 용인했고 탐욕을 키웠다. 이런 눈앞의 꿀단지는 결국 '폴트 라인', 즉 지진 경제위기 을 유발하는 단층선 역할을 했다는 것이다.

또 다른 폴트 라인은 수출국들의 과도한 자본 축적에서 비롯된 위기다. 1990년대 말 외환위기를 겪고 난 뒤 급격하게 늘어난 각국의 외환보유액은 투자처를 찾아 세계를 헤맸고 소득불평등 문제를 대출 확대로 해소하려 한 미국으로 몰렸다. 국제 투자은행들이 고안해낸 파생상품이나 모기지증권이 매개체 역할을 했다. 독일 슈투트가르트에 사는 치과의사의 여윳돈이 미국 네바다 주의 가난한 대출자에게 흘러갔다고 라잔은 비유했다.

지난 4·11 총선 전 눈만 뜨면 포퓰리즘이라는 단어를 봐야 했다. 여야 불문이었다. 미국 같은 부자나라에서는 의료, 교육, 보육 등에 돈을 퍼붓는 보편적 복지확대 정책을 펴는 단계에서 이미 벗어났다. 세련되고 간접적인 카드를 쓴다. 저금리 체제다. 그게 최고의 포퓰리즘이다.

한국은행은 이달에도 기준금리를 11개월째 연 3.25퍼센트로 동결했다. 적정금리를 가장 과학적으로 분석한다는 '테일러 준칙' 공식으로 산출해 볼 때 한국의 금리는 연 3.95퍼센트는 돼야 한다고 한다. 저금리라는 최고의 포퓰리즘 샴페인에 취해 있다가 나중에 그것이 '폴트 라인'이었음을 느끼는 순간 다른 형태의 위기에 이미 빠져 있다는 걸 아는 날이 올 거다. 당대의 골칫거리를 당장 해결하지 않고 후세에게 떠넘기는 게 저금리 체제다.

— 〈매일경제〉 2012년 5월 29일 자 '매경포럼'

기업경영

:
:
:

평균 6,600회 실험하는 신약 개발

홍어 껍질에서 알츠하이머성 치매 질환을 예방하고 증상을 완화할 수 있는 소재가 나왔다는 발표에 기대를 갖는 이들이 적지 않다. 노인성 질환으로만 생각했던 치매를 앓는 이들이 점점 늘어나면서 치매가 현대인에게 발생할 친숙한 병으로 변해 버렸기 때문이다.

해양바이오 지역특화 선도기술 개발사업에 참여하는 강릉원주대 해양생물연구교육센터 변희국 교수팀이 올린 성과라는데, 해양수산부의 지원을 받아 진행되는 프로젝트다. 시중에서 판매되는 치매 관련 약물은 20여 종에 이른다. 그런데 기존 약은 신경전달물질을 활성화해 증상을 완화하고 개선할 뿐 병의 근본 원인을 억제하거나 예방하는 소재는 없었다니 홍어 껍질이 신기원을 이룰지 주목하게 된다.

치매 원인 물질이 유도된 실험용 쥐에 치매 예방 소재를 투여해 실험해봤더니 베타-아밀로이드 생성이 50퍼센트 억제되고 대조군보다 뇌세포 생성률이 56퍼센트 높았다고 한다. 문제는 부작용인데 기존 치매 치료제에서 나타나는 간독성, 구토, 위장장애 같은 부작용 우려가 없었다니 다행이다.

제약 업계에서는 1950년대 말 있었던 탈리도마이드 사건을 영원히 잊지 않고 있다. 1953년 독일에서 개발된 임신부들의 입덧 방지용 약이자 수면제인 탈리도마이드는 개와 고양이, 햄스터, 닭 등 동물들에게 실험해 무독성이라는 결론을 끌어냈다. 부작용이 전혀 없는 '기적의 약'이라는 얘기까지 나왔다. 독일, 영국 등 유럽 전역과 일본에서도 시판돼 임신부들에게 선풍적인 인기를 끌었다. 하지만 약을 복용한 뒤 태어난 아기들 가운데 팔과 다리가 생성되지 않은 기형아가 하나둘 늘어나면서 충격에 빠졌다. 관절 생성을 저해하는 부작용이 뒤늦게 드러난 것이다. 1957~1962년에 태어난 탈리도마이드 베이비가 46개국에 걸쳐 1만 명, 유럽에서만 8,000명에 달했을 정도다. 당장 시판이 중단됐고 해당 제약회사는 파산했다. 주목할 대목은 유럽 보건당국과 달리 미국 식품의약국 FDA은 탈리도마이드를 승인하지 않았다는 점이다. 덕분에 미국에서 탈리도마이드 베이비는 생기지 않았고, 이후 세계 제약 업계의 주도권과 무게중심은 유럽에서 미국으로 옮겨갔다.

당뇨병 치료제로 유명한 로지글리타존은 1년에 10조 원어치 이상 팔린 히트상품이었다. 하지만 이렇게 각광받던 약품이 뒤늦게 심장쇼크라는 부작용을 유발한다고 알려지면서 2010년 판매가 중단됐다. 한 해 6조~7조 원의 매출을 올렸던 다이어트용 약품 리모나반트도 심한 우울증과 자살충동을 준다는 심각한 부작용이 알려져 2008년 시장에서 쫓겨났다. 비만 치료제나 식욕 감퇴제로 알려져 다이어트 하는 여성들에게 선풍적인 인기였는데 하루아침에 몰락했다. 어떤 신약이든 질병 정복이라는 본래 목적만큼 중요한 게 부작용을 최소화하는 일임을 확인시킨 사건들이다.

발기부전증 치료제로 각광받은 비아그라는 원래 협심증약이었다. 임상시험에 응했던 환자들에게서 전혀 예상하지 않았던 즐거운 부작용 얘기를 듣고 제약회사가 방향을 선회해 대박을 친 건 이미 많이 알려져 있다. 시판에 나선 화이자는 소매가격을 한 알에 40달러라는 상상을 초월한 수준으로 정했는데도 날개 돋친 듯 팔렸다. 제조원가가 1센트도 안 됐다니 얼마나 많은 이익을 남겼는지 계산해 보시라.

세계 1위 제약회사 노바티스의 한 해 매출액은 2014년 513억 달러로, 한국 기업 중 7위에 해당하는 현대중공업의 526억 달러 수준이다. 세계 10위 제약회사인 길리아드사이언스는 C형간염 치료제 소발디라는 약 하나로 236억 달러의 매출을 올려 국내 기업 중 18위에 해당하는 KT의 한 해 매출 234억 달러와 맞먹는다.

미국 FDA 통계를 보면 제약회사 한 곳에서 성공한 신약 하나를 개발하는 데 1조 원의 비용을 투입하면서 평균 423명의 연구 인력이 29만 1,703시간 동안 6,587회의 실험을 했다고 한다. 통상 5,000~1만 개의 선도물질이 개발되면 약리시험이나 독성시험 등 임상시험 전 단계에서 10~250개로 줄어든다. 이후 세 차례 임상시험을 거치며 다섯 개로, 다시 두 개로 좁혀진 뒤 단 한 개의 신약이 탄생한다. 시작 부터 마무리까지 통상 15년 정도가 소요된다.

의학, 화학, 생물학 등 관련 분야에서 수많은 과학자들이 '가지 않은 길'을 찾기 위한 신약 개발에 몸을 던져왔다. 한국에서도 지금 대학, 연구소, 기업 곳곳의 실험실과 연구실에서 신약을 향한 도전이 펼쳐지고 있을 것이다.

— 〈매일경제〉 온라인 2015년 10월 12일 자 '매경프리미엄'

로봇이 증권투자를 자문한다

2014년 개봉된 스파이크 존즈 감독의 미국 영화 〈그녀〉는 영화 속 로봇에 대한 그동안의 시각을 확 바꾸게 만들었다. 로보캅, 터미네이터 같은 초능력자만 보다가 인간처럼 감정을 가진 로봇도 가능한 시절이 올 수 있겠구나 싶게 만들었기 때문이다.

주인공 테오도르는 다른 사람들의 편지를 대신 써주는 대필 작가다. 타인의 마음을 전해주는 일을 하지만 아내와 별거 중이어서 정작 자신은 외롭고 공허한 삶을 산다. 그러던 어느 날 스스로 생각하고 느끼는 인공지능 운영체제인 사만다를 만난다. 자신의 말을 들어주고 이해해주는 사만다로 인해 행복을 되찾기 시작한 테오도르는 점점 로봇인 그녀에게 사랑을 느끼게 된다.

로봇은 인간을 대체하는 인공기계로 산업 현장에서의 반복된 일이나 심해나 혹한지에서 힘든 작업을 맡고 있다. 가정에서는 로봇이라는 이름을 붙인 청소기가 익숙해져 있다. 그런데 요즘 로봇의 역할은 상상을 뛰어넘어 다양해지고 있다. 미국에서는 로봇이 금융투자를 자문하는 어드바이저 역할까지 발전했다. 육체와 물리력을 대신 행사하는 단계를 넘어 인간의 판단능력까지 대체하는 것이다.

로보어드바이저 robo–advisor 는 투자 포트폴리오를 짜주는 투자자문 서비스 제공업자를 말한다. 여러 정형화된 온라인 서베이를 토대로 로봇 컴퓨터 이 개인의 특성에 맞는 투자를 권유하는 형식이다. 사전에 정교하게 다듬어진 알고리즘과 고도화된 컴퓨터의 계산능력 덕분에 가능하다.

미국에서는 로보어드바이징을 업무로 내건 회사가 속속 등장해 자리를 잡고 있다. 베터먼트 Betterment, 퓨처어드바이저 FutureAdvisor, 웰스프런트 Wealthfront 등이 대표적이다.

경제통계 회사인 코퍼레이트 인사이트 Corporate Insight 의 집계로는 2014년 말 로보어드바이징 산업 규모가 벌써 190억 달러 수준이다. 미국 내 금융투자자문업 운용액 5조 달러의 0.4퍼센트 정도를 차지한다. 로보어드바이징 산업의 성장 속도는 눈부실 정도여서 2019년에는 2,500억 달러 수준으로 급증할 것이라는 추산도 있다.

2014년 8월 미국 언론에는 미식축구 구단 '샌프란시스코 포티나이너스'가 선수와 직원의 투자자금을 로보어드바이저에 맡겼다는 기사가 보도됐다. 그해 10월에는 유명 펀드 피델리티가 로보어드바이징 회사인 베터먼트와 정보제공 계약을 체결했다는 기사가 이어졌다. 베터먼트에서 보유한 투자 관련 정보와 자료를 피델리티의 3,000여 금융상담사들에게 제공해 이들이 고객과 상담할 때 활용토록 한다는 것이다.

　　전통적인 투자자문업체들과 로보어드바이징 업체 간에 협력 제휴 관계가 구축된 듯 보이지만 실은 치열한 경쟁이 진행되고 있다. 수수료에서 로보어드바이징이 고객들에게 훨씬 매력적이다. 웰스프런트는 최소 투자금액 5,000달러 이상만 되면 투자 상담을 받을 수 있으며 수수료는 운용액의 0.25퍼센트다. 베터먼트는 아예 최소 투자금액 기준이 없으며, 수수료는 투자 규모에 따라 0.15~0.35퍼센트 선에서 책정된다. 이에 반해 전통적인 투자자문업체의 수수료는 운용액 대비 평균 1.3퍼센트에 달하니 비교하기 힘들다.

　　문제는 로보어드바이징 업체가 얼마나 신뢰를 얻느냐다. 투자자와 접촉해 정보를 얻고 그의 선호를 반영해 전략을 짜주는 전통적인 투자자문업체에 비해 정량화된 정보에만 의존하는 로보어드바이징 업체는 한계를 노출할 수 있다. 아직 투자 성과에서도 별다른 실적을 내지 못하고 있다. 리스크를 최소화하다 보니 수익률도 상대적으로 낮은 것이다.

　　로보어드바이징은 아직 저비용으로 포트폴리오를 짜주는 투자

자문업 단계에 머물러 있다. 하지만 로봇기술 진보에 맞춰 인지컴퓨팅이 발전되면 얼마든지 자문 기술과 영역을 넓혀나갈 것으로 기대된다.

— 〈매일경제〉 온라인 2015년 3월 18일 자 '매경프리미엄'

📚 사회책임경영에 대하여

10여 년 전 일선 기자 때 '다시 쓰는 기업론'이라는 기획 시리즈를 진행했다. 당시 여론조사기관에 의뢰했더니 기업에 대한 일반인들의 이미지가 심각했다. 긍정적 답변은 24퍼센트에 그친 반면 부정적 의견이 39퍼센트로 많았다. 보통이라는 유보적 견해가 37퍼센트였다. 중간에 있는 이들의 생각을 바꿔줄 필요가 있었다.

주목할 만한 조사 결과가 또 있었다. 삼성경제연구소가 중·고교생에게 물었더니 기업의 목적을 사회 기여라고 본 의견이 이윤 추구라는 응답보다 많았다. 기업들이 사회책임이라는 옷을 입는다면 국민의 공감을 끌어낼 수 있다고 봤다. 그래서 내놓았던 결과물이 '사회책임경영시대'라는 제목의 시리즈였다.

일본은 1990년대에 이미 사회책임경영 CSR 을 얼마나 실천하는지 계량화한 지수까지 만들어 쓰고 있었다. 환경보호 차원에서 출발했지만 유엔환경계획 UNEP 협력기관인 GRI에서 기업들에 보고서를 작성하도록 해 사회책임경영 가이드라인을 스스로 설정토록 하고 있었다.

글로벌 제조업체 중에 GRI 리포트를 내지 않는 곳이 드물었다. 2004년 우리 기업 중엔 현대자동차, 삼성SDI, 포스코 딱 세 곳에 불과했다. 3사는 엄한 환경기준 잣대를 대는 유럽 시장에 물건을 팔기 위해서였으니 절실했다. 나머지 기업들에는 먼 나라 얘기였다.

기업의 사회책임을 얘기하면 스포츠용품회사 나이키를 나락으로 떨어뜨린 유명한 사진을 떠올린다. 베트남 공장에서 축구공을 꿰매는 12세 파키스탄 소년을 담은 〈라이프〉 잡지의 1996년 6월호 커버스토리다. 아동 노동에 대한 지탄이 쏟아졌고 불매운동으로 이어졌다. 다음 해 나이키의 매출은 전년 대비 37퍼센트 줄었고, 순익은 반 토막 났다. 주가도 곤두박질쳤다.

하도급업체, 협력업체에 대해서도 도덕성을 충족시켜야 하는 사회책임경영이 확산됐다. 공유가치창출경영 CSV 이라는 개념도 출현했다. 마이클 포터 하버드대 경영학과 교수가 주창하면서 금세 퍼졌다. 포터 교수는 기업의 효율성과 경쟁력을 끌어올리는 데 주력하는 경영학자였다. 그랬던 그가 이윤을 남긴 뒤 사회공헌을 하는 게 아니라 기업의 활동 자체를 이해관계자들과 손잡고 사회적 가치 창출에 연계해야 한다고 나섰다.

공유가치창출과 사회책임경영의 조화는 쉽지 않다. 식품 기업 네슬레를 보자. 남미와 아프리카 등 커피 및 카카오 원산지에 재배시설을 두고 교육 인프라스트럭처도 구축한 덕분에 현지 농가는 안정적 수입을 얻고, 네슬레는 양질의 원료를 공급받는다. 공유가치창출의 성공적인 사례다. 반면 초콜릿 원료인 오일팜 재배 농장이 열대우림을 파괴했다는 환경단체의 경고를 묵살해버린 뒤 네슬레는 불매운동에 봉착했다. 주력 제품 원료 조달을 둘러싼 사회책임경영을 제대로 이행하지 못해 당한 일이다.

최근엔 최태원 SK그룹 회장이 옥중에서 쓴 책 덕분에 일반기업이 사회적기업을 지원하는 방식도 관심을 끈다. 최 회장은 사재 100억 원으로 사회적기업 창업지원기금을 조성해 이달부터 10~20개를 뽑아 투자한다고 한다.

최 회장처럼 기업 경영에 사회적 가치 창출을 접목하는 이들이 적지 않다. '사회적 경제'를 향한 노력이다. 새누리당의 경제통 유승민 의원도 사회적경제기본법을 발의해 앞장서고 있다.

그렇지만 우리의 사회적 경제 생태계는 아직 척박하다. 기업에서는 아직도 사회책임을 비용과 부담으로 보는 게 현실이다. 매출액 대비 사회공헌 지출이 어느 정도인지 보여주고, 연말에 사랑의온도탑이 세워지면 그룹 차원에서 낸 불우이웃돕기 성금으로 사회책임을 다했다고 생각하면 아직 멀었다.

사회책임경영이든 공유가치창출이든 궁극적인 목표가 무엇인지 항상 되새겨야 한다. 이윤 추구도 윤리 경영도 딱 하나로 모아진다. 결국은 기업의 지속 가능성을 어떻게 높이느냐다. 수십 번 곱씹어야 할 과제다.

— 〈매일경제〉 2014년 11월 25일 자 '매경포럼'

그들 사례는 자주 인용된다. 2008년 글로벌 금융위기 때 단 한 명도 해고하지 않아 유명해졌다. 남들이 사람을 자를 때 1만 5,000명을 되레 더 고용했다. 스페인 바스크 주에 있는 몬드라곤협동조합 Mondragon Cooperative Corporation 이야기다. 255개 협동조합과 자회사에 자산 53조 원, 스페인 내 기업 규모로 일곱 번째다. 오너도 주주도 없다. 조합원 8만여 명이 주인이다.

이탈리아 볼로냐는 협동조합의 성지처럼 대접받는다. 주 경제활동 중 3분의 1을 협동조합이 차지한다. 1인당 평균 소득 4만 달러로 유럽연합에서 다섯 번째 잘사는 동네다.

몬드라곤 산하 유통조합인 에로스키는 1969년 출범했다. 초기엔 식품과 생필품을 파는 슈퍼마켓 형태였다. 점차 여행, 주유소, 헬스클럽 등 일상생활 영역으로 넓혔다. 이제 2,200여 개 매장에 연매출 85억 유로약 12조 7,000억 원로 성장했다. 성공비결은 독특하다. 다른 협동조합과 달리 배당을 하지 않았다. 대신 배당액만큼 상품 가격을 할인했다. 저렴한 가격은 대부분 조합원인 소비자에게 호응을 얻었다. 이는 조합 매출 상승과 이익 증가로 이어졌다.

우리나라에서도 요즘 협동조합이 뜨고 있다. 지난해 12월부터 시행된 협동조합기본법 덕분이다. 작년이 유엔에서 정한 '세계협동조합의 해'였는데 마지막 한 달을 연결시켰다. 금융을 제외한 모든 업종에서 조합원 5인 이상이면 협동조합을 설립할 수 있다. 이전에는 농협, 신협 등 관련법상 여덟 개만 협동조합으로 인정받았다. 큰 변화다.

법 시행 후 4개월 만에 설립 신청만 850개를 넘어섰다. 서울시에 등록된 1호는 대리운전조합이다. 참여자들이 출자금으로 단돈 1만 원씩 냈고 직접 대리운전기사로 일한다. 폐기물 관리, 웨딩, 영어교육 등 다양한 분야에서 조합이 결성됐다. 상담센터엔 문의가 넘치고 안내 사이트는 인기다. 5년간 1만여 개 협동조합이 설립될 걸로 본다. 4만~5만 명 일자리도 늘 것이라는 기대다.

일반 협동조합은 지방자치단체 신고필증만 받으면 이후엔 정부 입김을 받을 일이 없다. 이런 점을 노려 조합에 일감을 몰아주거나, 자식들을 참여시켜 고배당하는 방식으로 상속·증여 수단으로 삼으려는 이도 있다.

걸음마 단계인 협동조합을 정착시키려면 몇 가지 짚고 넘어가자. 협동조합의 원칙은 자립과 자치다. 조합원은 출자금 과다에 상관없이 동일한 의결권을 갖는다. 많이 이용할수록 배당을 많이 받는다. 중앙정부나 지자체 지원은 어디까지나 간접적인 수준에 그친다. 일반 협동조합과 달리 사회적 협동조합은 해당 부처에서 인가를 받아야 하고 사후 감사도 받는다. 비영리사업이기 때문이다. 이걸 명확하게 구분하고 지켜나가야 한다.

선입견이나 오해를 불식시키는 일도 시급하다. 과거 공산주의 체제하 협동조합을 떠올리는 이들이 아직도 있다. 이를 위해 일본식 조어인 협동조합이라는 명칭 대신 협동기업으로 바꿔 부를 필요가 있다. 생활 속에 파고 들어가야 한다. 유럽에선 '쿱coop, 협동조합에 간다'는 말이 자연스럽다.

협동조합도 엄연히 기업이다. 주식회사가 주주 이익을 우선하듯 협동조합은 조합원 이익을 중시한다. 주식회사가 아니어도 세계적 규모로 키울 수 있다. 스페인 몬드라곤, 퀘벡 데잘댕 금융그룹이 좋은 사례다. 유명세를 탈 수도 있다. 미국 선키스트나 스페인 축구클럽 FC 바르셀로나도 실은 협동조합이다.

그렇지만 왜 세상이 진작 협동조합으로 뒤덮이지 않았는지도 따져봐야 한다. 영국 로치데일 방직공장에서 세계 최초 협동조합이 세워진 게 1844년이니 벌써 170년 역사다. 그런데도 널리 퍼지지 못한 건 그만큼 제한적이라는 얘기다.

자본주의 제도에서 이윤 창출로는 협동조합이 주식회사와 대놓고 경쟁하기 어렵다. 부분적으로 보완할 뿐이다.

확장성에는 한계가 분명하다. 그래도 일자리 창출과 사회안전망 구축에서는 희망의 빛이 보인다. 한번 해볼 만하다.

— 〈매일경제〉 2013년 4월 30일 자 '매경포럼'

📚 감당키 어려운 1위 자리

일본 전자업체에 내린 조치였는데 왜 내 가슴이 철렁했는지 모르 겠다. 국제 신용평가사 피치가 지난달 소니와 파나소닉의 신용을 투 기등급으로 떨어뜨렸을 때 말이다. 그들은 한때 너무 잘나갔다. 멀리 앞서가 있는 1위였다. 특화된 기술과 제품으로 큰소리를 쳤다. 그러 나 국제표준이나 세계시장의 요구를 무시했다. 결국 고립됐다.

소니의 전설은 가장 화려했다. 1979년 7월 1일 거실에 놓여 있던 오디오 세트를 손바닥 크기로 줄여 내놓았다. 걸어 다니면서 음악을 듣는다는 워크맨이라는 이름의 휴대용 카세트 재생기는 2010년 단 종될 때까지 2억 2,000만 대를 팔았다. 헤드폰족이라는 신조어는 워 크맨 덕분에 생겼다. 텔레비전으로는 30여 년을 석권했다. 1980년대 가정용 캠코더, 1990년대 플레이스테이션, 2000년대 디지털카메라 로 이어갔다. 그런 소니가 무너진 것이니 충격이다.

애플과 삼성전자 간의 특허 소송을 보면서 퍼스트 무버first mover 와 패스트 팔로어fast follower의 역할을 다시 따져본다. 세계 1위 업체의 신 제품을 벤치마킹해 더 나아진 제품을 내놓는 전략은 우리 기업들에 딱 맞았다. 세계 1위 기업의 지위는 너무나 버겁다. 글로벌 무한경쟁 시대에서는 한 번의 잘못된 투자 결정으로 무너져 버린다. 일본 전자 업체는 이를 잘 보여줬다. 차라리 패스트 세컨드fast second가 부담 없다. 발 빠른 2등으로 최강자를 쫓아가는 게 더 실속 있다. 퍼스트 무버의 조건은 만만치 않다. 세계 시장을 선도할 기술과 특허권, 시장을 지배하는 표준을 가져야 한다. 한 치의 빈틈도 없어야 후발 주자에게 추월을 허용하지 않는다.

싸이월드는 소셜네트워크서비스 sns에서 페이스북보다 퍼스트 무버였다. 아이리버는 MP3플레이어의 선구자였다. 그런데 실패했다. 이근 서울대 경제학과 교수는 "한국의 협소한 내수시장에다 국내 기업이 세계 소비시장의 중심인 미국의 문화 코드를 맞추기 어려워 퍼스트 무버 전략은 적절하지 않다"고 지적했다. 퍼스트 무버로 성공한 기업의 가장 큰 위험은 기존 상품과 전략에 안주하려는 '승자의 저주'라는 그의 분석은 탁월하다.

피치가 소니의 신용등급을 강등하면서 "주요 제품의 선도자 역할이 약해졌기 때문"이라고 밝힌 대목이 눈에 확 들어왔다. 소니에서 '감당하기 어려운 1위 자리'의 부담을 읽는다. 삼성전자나 현대차가 소니 위에 덧씌워져 그려진다.

삼성전자는 세계 휴대전화 시장 점유율에서 23.7퍼센트로 1위다. 노키아와 애플을 뒤에 두고 있다. 현대·기아차의 세계 시장 점유율은 8.6퍼센트로 5위까지 올라섰다. 도요타, GM, 폭스바겐, 르노닛산이 앞서지만 하나씩 제쳐가고 있다. 삼성전자 주가는 지난달 말 140만 원을 넘어 역대 최고점을 경신했다. 증권사들은 목표주가를 170만 원대까지 제시한다. 현대자동차와 기아차 시가총액은 합쳐서 70조 원을 돌파했다. 글로벌 자동차제조업체 가운데 3위다. 둘 다 거침없이 앞만 보고 잘 달려간다.

그러나 가슴을 먹먹하게 만드는 현실도 있다. 삼성전자의 국내

휴대폰 시장 점유율은 71.4퍼센트까지 높아졌다. 연말엔 80퍼센트를 넘길 것이란다. 현대·기아차의 국내 시장 점유율은 81.6퍼센트다. 중대형 승용차만 따지면 89.2퍼센트로 더 올라간다. 열 명 가운데 아홉 명은 같은 회사 자동차를, 열 명 중 일곱 명은 한 제조회사 휴대폰을 사는 것이다. 소비자들의 선택이겠지만 놀랍다. 이 정도의 독과점이니 국내 소비자 위에 군림한다는 얘기를 듣는 게 아닐까.

18대 대선이 보름 남았다. 앞으로 5년간 대한민국호를 이끌어갈 선장을 뽑아야 하는 중요한 시점이다. 삼성전자와 현대·기아차는 10년, 20년 이상 한국경제를 떠받쳐야 하는 기둥이다. 새 대통령을 뽑는 일만큼이나 두 기업의 지속성장이 중요하다. 삼성전자와 현대·기아차는 과연 세계 1위를 감당할 기본을 갖추고 있을까. 아직 답을 얻지 못했다. 그래서 답답하다.

— 〈매일경제〉 2012년 12월 3일 자 '매경포럼'

📚 진정한 1등 키우려면

중견기업의 CEO는 목소리를 높이며 흥분했다. 김연아의 환상적인 연기를 다시 화제로 삼던 중이었다. 모태범과 이상화, 이승훈 등 빙속 3인방의 당당함을 칭찬한 후였다.

그는 갑자기 "진정한 1등 대접을 받으려면 기업들이 스포츠 선수들에게서 배워야 한다"며 말머리를 돌렸다. 그러더니 화살을 언론에 겨눴다. 한국을 대표하는 경제신문이라면 '재계 순위'를 매기는 구태의연한 행태에서 제발 벗어나라고 그는 쏘아붙였다.

애기는 이렇다. 신문이나 방송이 대기업 그룹을 자산 규모라는 잣대로 줄 세우니 그걸 의식해 외형 키우기에 혈안이라는 거다.

자산 규모로 대기업 그룹의 순서를 매기는 일은 공정거래위원회의 몫이다. 상호출자나 채무보증 제한을 위해 기업집단을 분류해 소속 회사와 규모를 가리고 있다. 과거에는 30대 대기업집단만 뽑았지만 이젠 범위를 더 넓히고 있다.

이달 초 공정위가 내놓은 '기업집단 현황'에 따르면 1위 삼성, 4위 현대차, 5위 SK, 6위 LG, 7위 포스코, 8위 롯데, 10위 현대중공업, 11위 GS, 12위 금호아시아나, 13위 한진 이런 순서다. 중간에 건너뛴 자리에는 2위 한전, 3위 토지주택공사, 9위 도로공사 등이 끼어 있다.

오랫동안 10대 그룹 밖에서 맴돌던 금호아시아나그룹은 대우건설과 대한통운 인수로 앞자리를 차지하며 어깨에 힘을 잔뜩 넣었다. 2007년 4월 공정위가 발표한 순위를 보면 금호아시아나는 전년 11위에서 네 계단이나 뛰어 7위로 올라섰다. 경쟁 상대들이었던 한진, 두산, 한화를 단숨에 제쳐버렸다.

하지만 외형 부풀리기로 재계 순위를 끌어올렸다고 좋아하던 금호는 무리한 시도의 후유증으로 그룹 자체가 벼랑 끝에 내몰렸다. 대우건설 인수로 차입금을 늘리는 바람에 그룹 순차입금이 매출액의 70퍼센트에 달할 정도로 급증하면서 재무구조가 악화됐다. 결국 주력 계열사에 대해 워크아웃을 신청했고 오너 일가는 경영에서 손을 떼는 지경까지 갔다.

금호 얘기를 하려는 게 아니다. 재계 순위를 의식하다 보면 이렇게 기업들로 하여금 딴 생각을 하게 만든다는 점이다. 자산에는 부채도 포함된다. 차입금 늘려 자산이라는 기업 외형만 키운 뒤 상위 그룹으로 진입해본들 금호 같은 처지로 몰리면 무슨 소용이 있나.

앞에서 문제를 제기한 중견기업 CEO의 불만은 사실 딴 데 있었다. 삼성이 계열사를 앞세워 음식 사업에 열을 올리고, 현대차는 관계사 푸드서비스 업체에 구내식당 사업을 맡기는 구시대적인 행태를 여전히 하고 있는데 중소기업, 중견기업들이 어떻게 커 나가겠느냐는 하소연이었다.

삼성SDS나 LG CNS가 그룹 내 전산관리 업무를 쓸어가는 한 관련 중소기업들이 한국의 소프트웨어 시장에서 가져갈 몫은 뻔하다고 그는 푸념했다.

중소기업들은 대기업들의 문어발식 계열사 확장에 본능적으로 피해의식을 갖고 있었다. 귀 아프게 들어왔던 옛 얘기인 줄 알았는데 아직도 그대로였다. 국내 최대 통신업체 KT의 계열사가 커피판매 사업을 한다는 뉴스까지 나왔다.

'피겨 여왕' 김연아는 세계 1등이었기 때문에 모두가 열광했다. 1등 선수의 연기 하나하나는 뭔가 달라도 달랐다고 찬사를 보냈다.

삼성전자가 지난해 1,300억 달러 매출에 100억 달러의 이익을 남겼다고 발표하자 국민들이 박수를 보낸 건 IT 분야 세계 1등으로 올라섰기 때문이었다. 이에 화답하려면 삼성은 주력기업 삼성전자를 진정한 세계 1등으로 유지하는 데 그룹의 총력을 쏟아부어야 한다. 중소기업들에 넘기는 게 나은 분야라면 과감히 정리하는 결단도 필요하다.

분야마다 진정한 1등을 키워야 한다. 반도체에서 1등이 삼성전자라면, 자동차에서 1등은 현대차가 차지해야 한다. 그러려면 모든 역량을 각자 1등 목표로 세운 분야에 집중해야 하는 게 당연하다. 이른바 '선택과 집중' 원칙이다.

— 〈매일경제〉 2010년 3월 12일 자 '데스크칼럼'

03

함께 사는
공동체를 위해

두 얼굴의 한국사회

:
:
:

📚 이중국적 두 잣대

우리나라 국적법은 속인주의를 원칙으로 한다. 출생 때 부모 중
한쪽이라도 한국인이면 자동으로 한국 국적을 갖는다. 부모 양계 혈
통주의다.

한국 국적이었는데 자진해서 외국 국적을 취득하면 대한민국 국
적을 상실한다. 외국인도 한국 국적을 취득할 경우 6개월 내에 본래
국적을 포기해야 하며 이를 행하지 않으면 한국 국적을 잃는다.

이중국적 보유는 한국 사람으로 미국 같은 속지주의를 택하는 나
라에서 태어나야 가능하다. 그나마 1998년 개정된 국적법에서는 20
세 이전에 이중국적이 된 사람은 22세 이전에, 20세 이후에 이중국

적을 갖게 된 사람은 2년 내 하나의 국적을 선택하도록 돼 있다. 이를 이행치 않을 경우 자동적으로 한국 국적을 상실하게 된다.

남자의 경우 국적을 포기해 군대 안 가는 걸 막기 위해 국적법 외에 병역법으로도 엄격하게 묶어 놓았다. 이중국적을 가진 한국 남자는 만 18세 되는 해 3월 31일 전까지 한국 국적을 포기하지 않으면 자동으로 병역대상자에 편입된다. 병역을 면제받거나 병역의무를 마치고 나면 2년 안에 원하는 국적을 선택할 수 있다.

법무부 통계를 보면 군대 가지 않으려고 한국 국적을 포기한 이중국적자가 2014년과 2015년에만 각각 한 해 1,000여 명씩이다. 이중국적이면서 병역의무를 이행한 이는 30여 명에 불과했다.

국적 규정 악용을 막기 위해 2005년 개정된 이른바 '홍준표법'에서는 원정출산이나 군대 안 가려 국적을 포기한 경우 38세 이후에도 한국 국적을 회복하지 못하게 막아버렸다. 군대 안 가려 한국 국적을 포기한 미국 시민권자 가수 유승준 씨는 15년째 국내에 발도 못 붙이는 가혹한 대가를 치르고 있다.

공직사회에서는 자녀의 이중국적 문제로 곤욕을 치르는 경우가 적지 않다. 지난주 청문회를 했던 이준식 교육부 장관은 한국 국적을 포기하고 미국 시민권을 택한 차녀의 한국 국적을 회복시키겠다고 공언했지만 구속력이 없으니 그냥 넘어간 셈이다. 주형환 산업통상자원부 장관의 장녀도 미국 유학 중 현지에서 출생해 미국과 한국 국적을 함께 갖고 있다는 보도가 있었으나 시비 없이 넘어갔다.

2014년 초 재외공관장 인사 때 청와대는 이중국적 자녀를 둔 고위 외교관 네 명에게 국적 회복을 조건으로 대사에 내정했다. 그러나 1년 반 지나도 국적을 회복하지 않자 외교부는 대상 공관장들을 임기와 상관없이 지난해 말 소환 조치했다.

다 자랐거나 결혼까지 한 자식에겐 현실적으로 국적 회복을 강요하기 힘들 것으로 짐작된다. 더욱이 그 책임을 부모에게 돌리는 건 위헌적 요소가 다분하다는 지적도 있다. 요즘 같은 글로벌시대에 자녀 이중국적을 문제 삼아 외교관의 공관장 임명을 배제하는 건 국제사회에서 웃음거리가 될 수 있다. 고위직 외교관의 이중국적 자녀는 150여 명에 달하니 분란의 소지는 더 많다.

가장 심각한 문제는 같은 공직자에게 두 잣대를 적용한다는 데 있다. 부총리인 교육부 장관 자녀의 이중국적은 받아들여지고, 재외공관장에겐 가혹한 제재를 가하는 건 형평성에 안 맞는다. 고위 공직을 맡으려면 병역기피 논란을 부를 아들의 이중국적은 깨끗하게 정리한 뒤 나서는 게 맞다. 하지만 병역의무와 무관한 딸에게 무차별적으로 쏟아지는 질타는 오히려 부작용을 낳을 수 있다.

우리 재외동포는 181개국에 걸쳐 720만 명에 달한다. 광복 전 떠난 중국, 일본, 옛 소련 등의 400만 명을 빼면 320만여 명은 대한민국 정부 수립 후 이민이나 유학을 가 현지에 정착한 이들이다. 미국 교민사회에서는 우리 국적법의 선천적 복수국적 규정이 한인 2세의 미국 내 주류사회 공직 진출에 불이익을 받는 요인이라며 개정 요구가 거세다. 당사자의 선택으로 정리할 수 있겠지만 복수국적 이민자나 후손에게는 한층 엄격한 기준이 적용되기 때문이다. 아버지의 나라 케냐 국적이 자동말소돼 아무 지장 없이 대통령까지 된 버락 오바마 같은 환경을 만들어주자는 것이다. 선천적 복수국적이 이민 2세, 3세에게 족쇄로 작용한다면 풀어주는 게 맞다. 그래야 코메리칸에서도 오바마의 후예가 나올 수 있다.

— 〈매일경제〉 2016년 1월 14일 자 '매경포럼'

공공을 다시 생각한다

영어 표현인 '코먼웰스 commonwealth'에는 여러 뜻이 담겨 있다. 일반적인이라는 의미의 코먼 common 과 부나 재물을 뜻하는 웰스 wealth 가 합쳐진 용어다. 우리말로 풀면 '공공의 이익'이라는 말이 딱 맞는다.

정치학에서 코먼웰스는 국가를 의미하는 말로 통용된다. 영국에서 청교도혁명을 일으킨 크롬웰이 1649년 국왕 찰스1세를 처형하고 난 뒤 공화정을 세웠다. 그는 '코먼웰스 앤드 프리 스테이트 commonwealth and free state'라고 선언했다. 공화국이면서 자유국이라는 뜻이었다. 이때부터 군주제에 대비되는 공화제를 뜻하는 단어로 코먼웰스가 쓰였다. 크롬웰은 4년 후 의회를 해산하고 스스로 종신직 지도자 자리에 올라 공화정에 종지부를 찍어버린다.

크롬웰 덕분에 코먼웰스는 리퍼블릭 republic 과 같은 의미의 공화주의나 입헌주의 국가관을 함의한다. 공공의 이익을 위하고 법에 의한 지배에 기초한 국가라는 뜻이다. 영국은 크롬웰의 전통을 이어받겠다는 듯 자기네 연방국가British Commonwealth of Nations를 표현할 때 코먼웰스라는 단어를 쓴다. 미국은 합중국United States of America이라며 스테이트를 쓰는 것과 대비된다. 버지니아나 펜실베이니아 같은 영국 전통을 이어가려는 주에서는 주의 공식 명칭에 스테이트 대신 코먼웰스를 쓰기도 한다. 코먼웰스든 스테이트든 공공의 이익을 위해 자유의지로 결속된 연합체로서 국가라는 뜻인 것은 같다.

정치학 교과서에나 나오는 코먼웰스를 이렇게 길게 언급한 것은 최근 국가와 공공의 의미를 곱씹게 하는 어처구니없는 일 때문이다. 국가정보원이 스마트폰 감청을 위한 해킹을 외국 업체에 의뢰했다가 드러난 사건 말이다. 북한으로부터, 테러로부터 국가를 지키고 간첩을 잡기 위해서라니 명분은 있다. 그렇지만 진행 과정을 보면 그들이 코먼웰스를 얼마나 존중하고 준수했는지 의심스러운 대목이 적지 않다.

국가안보를 위한 정보나 방첩 업무는 공공재다. 경찰, 국방, 소방, 교육도 해당된다. 공공재는 시장 메커니즘이 아닌 정치적 과정이라는 의사결정을 통해 공급되는 재화나 서비스라는 교과서의 정의를 굳이 들먹이지 않아도 안다.

사유재는 시장에서 거래되는 만큼 그에 상응하는 대가를 지불해야 한다. 한쪽에서 먼저 소비하면 다른 쪽에서는 기회가 줄어드니 경합 관계일 수밖에 없다. 반면 공공재는 소비를 위해 서로 경합할 필요가 없으니 경쟁하지도 않는다. 여기서 허점이 생기기 시작한다. 시장가격이 존재하지 않으니 수익자부담 원칙을 적용하지 않는다. 비용에 대한 부담을 느끼지도 않는다. 실패해도 책임을 무겁게 따지지 않는다.

이런 속성을 감안하면 국가 업무로서 공공재에 대한 외부의 감시와 견제는 아무리 강조해도 지나치지 않을 것이다. 내부 감사나 감찰이 있다지만 조직 보호에 더 신경을 쓰는 분위기다. 국회와 언론 그리고 시민단체의 목소리가 필요한 이유다.

어제 열린 국회 정보위원회에서 이병호 국정원장은 직을 걸고 말하건대 국내 사찰이나 불법 사찰은 없었다고 말한 것으로 전해졌다. 비공개 회의이니 국정원 측의 직접 설명을 언론과 국민 모두 들을 수 없지만 로그파일 공개 등 야당의 요구를 거부했으니 논란은 계속될 것 같다. 기술직 직원의 자살이나 직원 일동이라고 내놓은 공동성명을 보면 이들이 과연 정보기관이 맞나 싶은데 이건 본질이 아니니 넘어가자.

국정원이 창피를 무릅쓰고 이탈리아 업체에서 해킹 프로그램을 사서 누구를 감청했는지 사실대로 공개하면 된다. 통신비밀보호법에 정해진 대로 내국인이라면 고등법원 수석부장판사로부터 영장을 받았어야 하고, 외국인이라면 대통령의 재가를 얻었어야 하니 이를 확인해보라. 국가안보를 위해 필요하다면 공작도 좋고 해킹이라도 해서 도청이든 감청이든 해야 한다. 합법이 아니라면 정보기관답게 들키거나 흔적이라도 남기지 말아야 한다.

더 중요한 전제가 있다. 국민에게 불법으로 사찰하고 다른 목적으로 쓰는 것 아니냐는 불신 없이, 어느 국민에게든 우리를 지켜주기 위해 도청과 감청을 하는 것이라는 믿음을 먼저 주라는 점이다. 이번에도 왜 온 나라가 시끄러운지 국정원 스스로 잘 알 테니 해법도 갖고 있을 것이다.

— 〈매일경제〉 2015년 7월 28일 자 '매경포럼'

📚 공기업 경영평가 유감

메르스 사태 치다꺼리하는 걸 보며 대한민국 정부와 대통령에 대한 신뢰가 싹 사라졌다. 어쩌다 나라를 이 지경으로 만들었나 싶어 한숨만 나오다가 화가 치밀어 오른다.

보건과 방역 구멍에 분통 터져 있는데 지난주 기획재정부가 내놓은 2014년 공공기관 경영평가를 보고도 기가 막혔다. 박근혜정부 초기 현오석 경제부총리는 "공기업 파티는 끝났다"며 의기양양했다. 그래 봐야 큰소리만 들렸지 과감한 칼질을 보지는 못했다. 최경환 경제부총리 체제에서 공기업 개혁은 아예 뒷전으로 밀렸다. 청와대의 의중인지 정치인 출신 부총리의 의지인지 모르지만 달라졌다. 이번 평가 결과에서 잘 읽힌다.

발표를 보면 116개 공공기관 중 D등급은 아홉 곳, E등급은 여섯 곳이다. 이 중 아홉 곳에 대해서는 기관장이 부임한 지 6개월이 안 됐다고 면죄부를 줬고, 세 곳에 기관장 해임 건의, 세 곳엔 경고 조치를 내렸다. 광물자원공사를 기관장 해임 건의 대상으로 삼은 건 놀라웠다. 2012년 8월 취임한 고정식 사장은 오는 8월이면 임기를 다하고 물러날 예정이다. 같은 처지인 최평락 중부발전 사장도 7월에 임기가 끝이니 묘하다.

광물자원공사에 대한 계량 지표만 보면 혼내줄 대상이 맞다. 당기순이익에서 2013년 189억 원이 2014년 -2,635억 원으로 곤두박질쳤다. 부채도 3조 5,000억 원에서 4조 원으로 늘었고 부채비율 역시 207퍼센트에서 220퍼센트로 뛰었다. 악화된 내역을 설명하면 이렇다. 광물공사는 마다가스카르 암바토비 니켈 광산에서 2014년부터 생산 규모의 70퍼센트 이상을 의미하는 상업생산을 시작했다. 대규모 광산이나 플랜트 사업은 상업생산 전까지는 발생되는 원가를 자본화하고 상업생산 시부터는 감가상각해 비용 처리한다. 2014년에 감가상각비로 1,225억 원의 손실이 발생했다. 올해엔 설계치의 90퍼센트까지 가동되고 있으니 감가상각비는 더 늘어난다.

멕시코 볼레오 동광 광산도 최초 10퍼센트 소수주주였다가 MB 정부 때 지분을 74퍼센트까지 늘리는 바람에 물려버렸다. 5,000억 원대 손실을 피해보려다가 더 큰 수렁에 빠졌다. 총투자비 1조 1,000억 원의 사업에 9,000억 원의 대부 투자를 출자로 전환하면서 2014년 한 해에만 323억 원의 이자수익이 줄었다.

2012년부터 2014년까지 광물자원공사의 투자비 중 80퍼센트가 암바토비와 볼레오 사업 몫이었다. 고 사장은 전임자의 분탕질을 뒤치다꺼리하느라 투자와 업무 시간을 거의 투입한 걸로 보면 된다. 재임 중 단 한 건도 자신의 선택에 의한 신규 사업을 해보지 못하고 이

전 사업을 정리하고 정상화하는 데 진력하다 해임 건의까지 받았다. 영락없이 '잔칫상 받는 사람 따로, 설거지하는 사람 따로'다.

투자 자본 회임 기간이 최소 10년을 넘기는 사업 성격을 감안하면 광물자원공사 처지는 딱하다. 과다한 부채와 낮은 수익성에 허덕일 수밖에 없다. 국내만 담당하던 광업진흥공사에서 해외 사업까지 하라며 광물자원공사로 이름과 역할을 바꾼 뒤로는 더 심하다. 이런 점을 감안하지 않고 수익성만 따지는 경영평가로는 공감을 얻기 어렵다. 수익성 악화는 채찍을 때릴 대상임에 틀림없다. 하지만 전임자 때 이뤄진 잘못된 투자 후유증으로 부실해진 지표를 빌미로 후임 경영진에 책임을 묻는 것은 불합리하다. 전임 김신종 사장 시절엔 내리 A 2008~2010년 아니면 B 2009~2011년 만 받다가 후임 고정식 사장 취임 후 E 2012년, C 2013년, E 2014년 등급으로 내려앉은 평가는 누가 봐도 객관적이라고 보기 어렵다. 자원외교를 내세워 투자에만 열을 올렸던 전임자는 칭찬받고, 이때의 투자 결정으로 생긴 부실 책임을 후임자에게 씌우는 건 정의에도 어긋난다. 이런 '영혼 없는' 평가를 한 담당자들은 무슨 판단을 했을까.

정부는 매년 공기업에 인센티브와 페널티를 주며 제대로 경영하라는 이른바 '당근과 채찍' 전략을 쓴다. 그러나 정권 사업에 첨병으로 나서면 좋은 점수를 주고, 묵묵히 뒤치다꺼리하면 희생양으로나 삼는 공기업 경영평가는 소가 웃을 일이다. 이런 식의 잣대로 진행하는 공공부문 개혁은 그 자체가 부질없다.

— 〈매일경제〉 2015년 6월 23일 자 '매경포럼'

📚 고무줄 같은 실업률 통계

취업을 포기한 구직단념자가 50만 명에 육박한다는 통계에 가슴이 아렸다. 통계청에서 내놓은 2015년 1월 수치인데 한 해 전 같은 기간에 비해 두 배가량 늘어났다. 구직단념자에 젊은이들만 포함되는 건 아니지만 '청년실신'이라는 표현이 함께 붙어 다뤄지는 기사를 보고 더 아팠다.

구직단념자란 비경제활동인구 중에 취업을 희망하면서 지난 1년 내 일자리를 찾고 다녔던 경험이 있으나 노동시장 사정으로 일자리를 구하지 못한 사람이다. 갑자기 수치가 불어난 건 집계 방식 변경 때문이라는 게 통계청의 설명이다.

기존에는 자격증 보유 등 일정 조건을 갖춘 사람이 취업을 희망하는데도 일자리를 구하지 못한 경우에만 구직단념자로 구분했다. 그런데 여러 고용보조지표를 함께 산출하라는 국제노동기구ILO의 권고를 받아들여 2014년 3월부터는 이 같은 특별한 요건을 없애고 분류해 보니 구직단념자에 해당하는 이들이 급증했다. 그 이전에는 20만 명대에 그쳤지만 집계 방식을 바꾼 2014년 3월 단숨에 30만 명을 뛰어넘더니 이후 눈에 띄게 늘어난 것이다. 이들은 비경제활동인구로 분류돼 실업률에는 포함되지 않는다.

하지만 취업하고 싶고 능력도 있는데 일자리를 구하지 못하는 사람이라면 경제활동인구 내에서만 산정되는 실업자와 하등 다를 게 없다. 구직단념이 꽁꽁 얼어붙은 고용시장 상황 때문이라면 사실상

임계점에 도달한 취업난을 고스란히 반영하는 셈이다.

지난해 관련 통계를 보면 취업자 수가 12년 만에 최대 폭 증가했는데도 한편에선 청년실업률이 역대 최고치로 올랐으니 고용구조의 쓸쓸한 단면을 잘 보여준다. 전체 취업자는 2,560만 명으로 경제협력개발기구OECD 비교 기준인 15~64세 고용률로 65.3퍼센트다. 실업률은 3.5퍼센트였지만 보조지표로 발표하는 체감실업률은 11.2퍼센트에 달했다. 공식실업자 외에 36시간 미만의 불완전 취업자, 잠재적 경제활동인구 등을 포함하면 이렇게 늘어나는 것이다. 아예 비경제활동인구로 분류되는 구직단념자까지 집어넣으면 훨씬 끔찍해진다. 문제는 9.0퍼센트로 올라 역대 최고치를 기록한 15~29세 청년층 실업률이다. 더욱이 청년층 취업자 35퍼센트가 계약기간이 끝나면 일을 그만둬야 하거나 일시적으로만 일할 수 있는 곳을 첫 직장으로 잡는다. 스페인 53.7퍼센트, 이탈리아 44퍼센트, 프랑스 24퍼센트 등 유럽 국가들의 심각한 청년실업률이 결코 남의 일이 아니라 우리 눈앞에도 이미 전개되고 있다는 얘기다.

ILO가 내놓은 '세계 고용과 사회 전망-트렌드 2015'에서는 세계경제가 저성장기에 들어서 앞으로 수년간 실업률은 증가 추세일 것으로 봤다. 다행스럽게도 우리의 실업률은 올해와 내년을 거쳐 2017년까지 3.5퍼센트를 유지할 것으로 ILO는 전망했다. 하지만 이런 공식 통계가 실상을 반영하는 것으로 믿는 이들이 갈수록 줄어드니 공인된 통계의 신뢰성을 회복하는 일도 과제 중 하나다.

— 〈매일경제〉 온라인 2015년 2월 26일 자 '매경프리미엄'

'법보다 주먹'을 들먹이는 시절이 있었다. 공권력 행사가 공정하지 않았다. 피해자의 억울함을 풀어주지 못했다. 그렇다고 주먹을 쓰면 분은 풀릴지 몰라도 대가를 치렀다.

체계가 잡힌 뒤엔 '법대로 소송'으로 넘어갔다. 툭하면 싸웠고, 싸우면 법대로를 외치면서 소송은 쉽게 가까워졌다.

2012년 한 해에만 법원에 접수된 민사사건이 431만 6,000여 건에 달했다. 우리보다 인구가 2.7배나 많은 일본의 여섯 배다. 같은 해 형사 고소된 이는 67만 7,000여 명이었다. 건수 자체로 일본의 57배, 인구 대비로 155배다. '소송 천국'이다.

이젠 소송까지 가지 않고 분쟁과 갈등을 해결한다. 조정과 중재를 통해서다. '대안적 분쟁 해결'이라고 부른다. 영어로는 ADR Alternative Dispute Resolution 이다. 미국에서는 1970년대에 이미 출현했다.

ADR이 무르익으려면 시민들의 권리의식이 함께 성숙해져야 한다. 17년간 미국 연방대법원장을 지낸 워런 버거는 ADR을 '소송보다 더 좋은 해결 방법'이라고 평가했다. 용산 마권장외발매소 갈등도 ADR로 풀려 한다.

한국마사회와 지역주민 간 분쟁에 서울시가 국민대통합위원회의 중재를 요청했다. 우리도 2007년 대통령령으로 '공공기관 갈등 예방과 해결에 관한 규정'을 제정했다. 주목받지 못했다. 강제력을 부여받지 못해서다. 갈등관리기본법 같은 법제화가 필요하다.

이미 분야별로 40여 개의 갈등조정기구가 있다. 하지만 수요자들에게 알려져 있지 않으니 그림의 떡이다. 소비자분쟁조정위원회는 그래도 많이 활용된다. 소액 사기 결제로 이어진 보이스피싱 문자 발송 책임을 둘러싼 피해자와 통신회사 간 분쟁이 여기서 해결됐다. 2013년 한 해 소비자분쟁조정위에서 해결된 분쟁은 1,570건. 소송비용도 한 푼 들이지 않았고 건별로 기간도 3개월밖에 걸리지 않았다.

형사사건에서도 조정과 중재제도가 있다. 2007년 6월부터 도입됐다. 검찰이 오히려 더 활용한다. 물론 피해자 동의가 필수적이다. 돈 거래에서 발생한 사기나 횡령이 주로 회부 대상이다. 명예훼손이나 모욕 같은 개인 간 다툼도 해당된다. 2009년 1만 5,328건이던 형사조정위에서의 처리 사건은 2013년 2만 8,441건으로 늘었다. 5년 새 두 배 가까운 증가다. 올해엔 상반기에만 2만 건이니 연말에는 4만 건을 넘을 것 같다.

중재를 이끌어내는 해법은 이렇다. 직원에게 임금을 못 준 자영업자가 임금 체불로 고발된 사례를 보자. 기소되고 재판까지 가면 벌금을 내야 한다. 중재위원은 벌금 낼 돈으로 재판 전에 미리 밀린 임금 주는 게 낫다고 자영업자를 설득한다. 돈 없다며 버티던 자영업자는 살던 집 전세금을 빼 월세로 돌리고 밀린 임금을 직원에게 준 뒤 정리한다. 소송까지 갔더라도 재판부가 조정회부 결정을 내리는 경우도 많다. 조기조정제도도 활용한다. 소장 접수 후 변론 기일까지 수개월을 기다려야 하니 그 사이 조정을 유도해 보고 안 되면 다시 재판으로 복귀하도록 하는 것이다.

사법 체계를 통한 분쟁과 갈등 해결은 두 가지를 목표로 한다. 가해자 처벌과 피해 보상이다. 소송에서 법리적으로 따져 결론을 내도 양쪽 모두 만족하지 않는 경우가 많다. 피해자의 억울함은 풀리지 않고 처벌받는 가해자도 반성을 안 한다. 소송까지 가지 않고 조정과 중재를 통하면 이를 극복할 수 있다. 자발적인 합의를 전제로 하기 때문이다. 소송에 드는 비용과 시간도 줄일 수 있다.

갈등관리 시스템이 잘 갖춰져야 선진국이 된다. 소송 만능은 서로를 불편하게 만든다. 사회 통합과도 거리가 멀다. 조정과 중재를 통해 갈등이 해결되면 모두 이득이다. 물론 갈등과 분쟁이 아예 생기지 않도록 예방하는 게 먼저다.

— 〈매일경제〉 2014년 8월 5일 자 '매경포럼'

📚 유니섹스 레스트룸

미국 뉴욕 명물시장에 갔다가 엉뚱한 데서 눈길이 멎었다. 지난 2월 들렀던 맨해튼 첼시마켓에서다. 화장실이었다. 안내판에 '유니섹스 레스트룸unisex restroom'이라고 쓰여 있었다. 남녀 공용이다. 남자와 여자 가리지 않고 뒤섞여서 줄을 섰다. 10여 칸에 들어갈 순서는 금세 돌아왔다. 이거다 싶었다.

예술의전당 공연장에 갈 때마다 들었던 아내의 불평이 거기서는 안 나왔다. 남성용은 빠른 순서 회전에 텅 비고 여성용 앞엔 길게 줄서 기다려야 하는 불평등 말이다. 첼시마켓도 당초엔 남녀로 나눠놓았다. 불합리하다는 지적에 관리자는 주저 없이 수용했다고 한다.

공동체를 유지하기 위해서는 다양한 제도가 필요하다. 사회 구성원 간의 약속이니 한번 정하면 길게 가야 한다. 반대로 순발력 있게 바꿀 수도 있다. 그렇지만 현실에서는 어정쩡해도 그냥 끌고 간다. 절차를 따지다 본질을 놓치기도 한다. 기껏 고쳤는데 개악인 경우도 있다.

대한민국엔 아무리 불합리해도 바뀌지 않는 제도가 수두룩하다. 반대로 뻑하면 바뀌는 규정도 만만치 않게 많다. 언제 또 바뀔지 알 수 없다. 바꿔놓아도 끝없이 시비를 걸며 도마에 올리는 경우가 흔하다.

대학마다 운영하는 입시 전형을 다 합치면 2,988개라고 한다. 2011학년도엔 3,790개였다가 줄인 게 이 정도다. 교육부의 오락가락은 더하다. 대입제도를 주관한 이래 지금까지 40차례나 바꿨다. 선택형 수능이라며 요란하게 도입해 놓고 1년 만에 전격 폐지했다. 예산 낭비는 물론 새 제도에 맞춰 준비한 학생들의 혼선은 말도 못한다. 오죽하면 고교 진학지도교사 모임에서 졸속 대입정책에 대해 국민감사를 청구하겠다고 할까.

변호사시험 제도를 놓고 로스쿨 학생들이 최근 집회까지 벌이며 합격기준 변경을 요구했다. 매년 합격률을 조절하지 말고 아예 절대평가식 자격시험으로 운영하라고 주장했다. 미국식으로 간다며 2009년부터 로스쿨 제도를 도입해 이미 두 번이나 변호사시험을 치렀는데 아직도 흔든다. 국회에는 로스쿨 외에 별도로 사법고시 예비

시험을 신설하자는 법안이 발의돼 있다. 수십 년 이어져온 사법시험을 없애기로 하고 기껏 새 제도를 택했지만 아직도 시비가 끊이지 않는다.

기존의 의과대학을 없애고 대거 의학전문대학원으로 전환하더니 다시 옛 방식으로 돌아간다고 한다. 전국 27개 의학전문대학원 가운데 22개가 의과대학 체제로 환원키로 했다. 서울대를 비롯해 연세대, 고려대 등 11개 대학에서는 당장 내년부터 의학전문대학원 신입생을 모집하지 않는다. 가천대 등 5개 대학만 의학전문대학원을 계속 유지한다. 앞으로 또 어떻게 바뀔지 알 수 없다.

고쳐야 할 제도의 정점에는 헌법이 있다. 1987년 마지막 개정 이후 그동안의 시대 상황 변화를 반영하지 못하는데도 손 놓고 있다. 국회의장 직속 헌법개정자문위원회가 최근 6년 단임 분권형 대통령제, 결선투표 도입 등을 내놓았으나 별다른 관심을 끌지 못했다. 그동안의 시행착오를 발판 삼아 대한민국에 맞는 방안을 찾아야 할 텐데 정치적 이해에 밀려나 있다.

사회과학자와 법학자들 사이엔 제도경쟁력이라는 용어가 있다. 국가나 사회에 도입된 제도의 불합리성이 경쟁력을 떨어뜨린다는 문제의식이다. 경제학적으로 보자면 제대로 된 제도를 통해 사회 전체의 거래비용을 낮추는 일이다.

사회 발전을 막는 제도라면 바람직한 대안을 모색하고 실제로 바꿔야 한다. 한쪽의 이해타산에 근거하면 금세 한계가 드러난다. 사회적 공감을 얻어야 한다. 멀리 봐야 하고 지속 가능해야 한다. 이상에만 사로잡히지 않고 현실에 발을 붙여야 한다. 그러니 어렵다.

대한민국은 대학입시, 변호사시험, 의과대학 그리고 헌법에 이르기까지 어느 것 하나도 100년 갈 제도를 마련하지 못하고 있다. 66년 전 정부를 출범시켰고, 이제 세계 15위 경제대국으로 성장한 나라인데 언제쯤 완성되려나. 답답하고 한심하다.

— 〈매일경제〉 2014년 4월 8일 자 '매경포럼'

CAS를 아십니까

유로2012에 한 달여 정신을 못 차렸다. 스페인의 우승까지 주요 경기마다 신새벽을 맞으며 지켜봤다. 붉은 눈으로 출근해 힘든 하루를 보내곤 했다. 이젠 런던올림픽이 기다린다. 또 얼마나 많은 밤을 지새울까.

올림픽 하면 김동성이 먼저 생각난다. 2002년 솔트레이크시티 동계대회 때다. 쇼트트랙 1,500미터 결승전에서 1위로 들어와 놓고 금메달을 놓쳤다. 주심의 실격 판정 때문이었다. 2위였던 미국의 안톤 오노는 할리우드액션으로 더 꼬이게 만들었다. 한국은 뒤늦게 국제스포츠중재재판소 CAS 에 제소했지만 받아들여지지 않았다. 그럼에도 당시 주심이었던 제임스 휴이시에게는 심판활동 2년 정지라는 징계가 내려졌다. 이를 계기로 국제빙상연맹에도 비디오 판독 제도가 도입됐다.

2004년 아테네올림픽에서는 체조 금메달을 날렸다. 이번엔 양태영이다. 중간합계 1위를 달리다 평행봉에서 주심의 어처구니없는 점수에 밀려났다. 미국의 폴 햄은 안마에서 엉덩방아까지 찧었는데도 금메달을 가져갔다. 국제체조연맹이 잘못을 인정했고, 자크 로게 국제올림픽위원회 IOC 위원장도 양태영을 '진정한 금메달리스트'라고 치켜세웠지만 번복되지 않았다.

스포츠계엔 분쟁 판정을 담당하는 CAS가 있다. 1984년 IOC 산하로 탄생했다. 첫 두 해엔 단 한 건의 제소도 없었다. 1993년까지 연평균 겨우 일곱 건을 처리하는 데 그쳤다. 그래도 국제스포츠계는 CAS에 분쟁 해결의 우선권과 전속관할권을 갖도록 해 힘을 실어줬다. 선수들에게 스포츠중재재판소의 관할을 인정하는 서약서를 제출해 따르도록 했다. 1994년엔 IOC에서 완전 독립된 기구인 국제스포츠중재위원회 ICAS로 발전됐다. 이제는 매년 200여 건의 분쟁 해결 제소가 접수되고 있다.

한국에서는 2006년 한국스포츠중재위원회가 출범했다. 대한체육회 산하다. 하지만 2009년 대한체육회와 대한올림픽위원회가 합쳐지면서 관련 규정이 삭제됐다. 2010년부터는 예산 지원도 중단했다. 성과 없이 예산만 낭비하고 있다는 이유였다. 기업 경영자 출신인 박용성 대한체육회장의 실적주의 잣대다. 2003년 비슷한 기구를 출범시킨 일본은 실적 미흡에 상관없이 계속 지원했고, 2009년엔 별도 법인으로 오히려 독립시켰다.

한국스포츠중재위원회를 혼수상태에 빠뜨린 뒤 2010 밴쿠버 동계올림픽 쇼트트랙 여자 3,000미터 계주 결승에서 제2의 김동성 사태가 또 발생했다. 1위로 들어온 한국 팀은 실격 판정에 제대로 대처를 하지 못하고 중국에 금메달을 바쳤다.

이번 런던올림픽에서도 심판 판정을 둘러싼 분쟁이 줄을 이을 것이다. 국제스포츠중재위원회는 올림픽 기간에 특별중재부ad hoc Division를 따로 둔다. 모든 분쟁을 여기서 해결해야 한다. 그렇지만 대한체육회가 런던올림픽 한국선수단에 스포츠중재 관련 전문가를 포함시켰다는 얘기는 듣지 못했다. 2008년 베이징올림픽엔 당시 가동되던 한국스포츠중재위원회의 안동수 위원장전 법무부 장관, 연기영 위원동국대 교수, 이애리사 위원전 태릉선수촌장 등이 현지까지 갔는데도 대한체육회에서 활용하지 않았다.

심판 판정 시비가 생기면 즉각 대응해야 한다. 일단 현장에서 구두로, 여덟 시간 안에 서면으로 문제를 제기해야 한다. 제출하고 나면 국제스포츠중재재판소는 24시간 안에 판결토록 돼 있다. 스포츠 세계에서도 국제사회에서 통용되는 법과 규정을 제대로 알고 상대해야 유리한 결과를 얻어낼 수 있다. 목소리를 내려면 평소에 실력을 쌓아둬야 한다. 식물상태로 만들어버린 스포츠중재위원회를 활성화하는 게 시급하다. 대한체육회에만 맡겨둘 일이 아니다. 주무 부처인 문화체육관광부가 관심을 가져야 한다. 이번 런던올림픽에서 제2 김동성과 양태영 사태를 또 겪고 나야 나설 것인가.

— 〈매일경제〉 2012년 7월 3일 자 '매경포럼'

생활을 바꾸는 과학과 기술

.
.
.

📚 원전, 모을까요? 쪼갤까요?

쪼갤까 모을까를 느닷없이 물으니 엉뚱해 보일 거다. 에너지를 만드는 시설 얘기다.

수력이든 화력이든 원자력이든 기존의 발전소는 생활터전에서 멀리 떨어진 곳에 만들었다. 바닷가나 강가에서 생산한 뒤 송전시설을 통해 수요자들에게 보냈다. 거대한 전선탑이 이 시설이다. 대용량의 에너지를 생산한 뒤 여러 곳에 배분하는 건데 이를 집중형 전원이라고 한다.

필요한 에너지를 인근에서 만들어 공급하는 방식도 있다. 대형건물이나 아파트단지 또는 특정 지역 단위로 자가발전해 자체 수요를 충당한다. 100~500MW 메가와트의 소용량이다. 바로 옆에서 생산하니 송전설비 설치나 운영비용을 줄일 수 있다. 이런 건 분산형 전원이라고 부른다.

대한민국의 에너지 정책은 종래의 집중형 전원에서 분산형 전원으로 가는 세 가지 추진 방안을 갖고 있다. 세 가지란 자가발전 유도, 신재생에너지 보급, 열병합발전 확대다. 2014년 세운 2차 에너지기본계획을 보면 아직 전체의 5퍼센트 정도에 그치는 분산형 전원 비중을 2035년까지 15퍼센트로 끌어올린다는 목표다.

분산형 전원을 늘려야 하는 건 기술적인 차원도 있지만 사회경제적 요인이 더 크게 작용한다. 대규모 발전설비를 세우는 일은 어느 지역이라도 난관에 부닥친다. 발전시설을 세우고 나도 송전시설 건설에 같은 과정을 또 거친다. 지난해 떠들썩했던 밀양 송전탑 공사를 떠올리면 쉽게 짐작할 수 있다.

근래엔 경기도 곤지암 일대도 송전탑 설치를 두고 시끄럽다. 해골 문양이 그려진 섬뜩한 플래카드가 곳곳에 내걸려 있다. 삼성전자가 평택에 지으려는 반도체단지 공사도 송전선 건설을 막는 안성과 평택 주민들 때문에 삽을 뜨기 무섭게 난관에 부닥쳤다.

대형 발전시설에 환경 문제는 빠지지 않는 장벽이다. 환경파괴라고 반대하는 데 어떤 명분으로도 넘기 쉽지 않다.

이젠 정치적 요인까지 더해지고 있다. 8년에 걸쳐 주민의 95퍼센트에게서 찬성을 얻어낸 삼척 원전 건설은 지방선거에서 새로운 시장이 당선되자 뒤집혀버렸다. 새로 실시한 주민투표에서는 95퍼센트 반대라는 전혀 엉뚱한 결과가 나왔다.

에너지 공급을 위한 발전시설 건설은 이렇게 갈수록 어려워지는데 수요는 급증한다. 인구의 절반이 사는 수도권의 전력 수요는 올해 1,130만kW 킬로와트에서 2027년엔 2,180만kW로 늘어난다는 추산이다. 두 배에 가까운 증가이니 공급에 더 박차를 가하지 않을 수 없다. 대형 발전설비를 세우지 못하면 주변에 소형 설비라도 세워야 수급을 맞출 수 있다.

우리에겐 생소하지만 일부 국가에서는 원자력발전소도 소형을 대안으로 삼는다. SMR small and medium size reactor 로 부르는 중소형 원자로다. 건설 과정은 물론 안전이나 사후 처리에서 대형보다 유리하기 때문이다.

분산형 전원이라는 어려운 말을 단순화하면 개별 건물에 있는 비상용 발전기를 떠올리면 된다. 하지만 이를 위해 필수적인 에너지저장장치 ESS는 발전사업법을 적용받아야 하니 가정에서는 불가능한 게 우리의 법체계다. 제도나 규정에 상황 변화를 즉각 반영해줘야 하는데 따로 논다.

일본은 가정용 연료전지 보급에 집중적인 지원을 하고 있다. 올해 20만 가구, 내년 30만 가구로 늘린 뒤 2020년까지 147만 가구에 깔겠다는데 우린 너무 한가하다.

2011년 일본 후쿠시마 원전 사고와 그해 우리의 9·15 정전 사태를 경험한 뒤 분산형 전원에 대한 관심은 급증했다. 그런데 행동과 여건 정비에서는 반걸음도 더 나아가지 못하고 있다.

기술적으로나 사회적으로나 이젠 쪼개서 생산하고 각자 수요를 자체 충당하는 것이 자연스러운 방향이다. 에너지 생산지와 소비지가 한곳에 모아져야 한다. 선택을 강요하지 않더라도 그렇게 갈 수밖에 없다. 2015년부터 2029년까지를 대상으로 하는 7차 전력수급기본계획에 이런 방안이 얼마나 반영됐을지 궁금하다. 올 상반기 중 내놓아야 하는데 미진하다면 발표 시기를 늦춰서라도 다시 짜야 한다. 무엇보다 국민에게 제대로 인식시켜야 한다. 지금도 늦었다. 서둘러야 한다.

— 〈매일경제〉 2015년 5월 19일 자 '매경포럼'

사라진 기술료 수천억 원

기획재정부가 나섰다. 국가재정법을 개정해 내년부터 시행하겠다고 한다. 세입 세출 외로 운용된 기술료 수입을 이제는 세입에 끌어가겠다는 것이다. 국고로 환수하지 않았는데 앞으로는 넣겠다는 얘기다. 한 해에만 2,000억 원은 될 것으로 계산한다. 지난달 말 재정개혁위원회에서 이런 방안을 보고했다. 공약 재원 마련을 위한 세외수입확대 방안 중 하나인데 하여튼 잘한 결정이다.

미래창조과학부는 지난 8월 하순 기술료제도 공청회를 열었다. 점차 축소해가겠다고 먼저 엎드렸다. 폐지를 주장하는 업계 요구나 그동안 쓰임새의 불투명성에 대한 빗발친 지적을 감안한 결정이다.

연구자나 기술개발 기여자에 대한 합리적인 보상체계를 세우고, 보상금 지급 기준과 절차에 대한 공통 가이드라인도 만든다고 한다. 조만간 국가과학기술심의회의에 올려 최종 확정하겠다고 했다. 장기적으로는 기술료를 모아 펀드로 조성해 활용하는 방안을 검토 중이다.

'기술료'란 정부에서 지원받은 R&D _{연구개발} 프로젝트를 성공했을 때 과제를 맡은 곳이 지원비 일부를 반납하는 제도다. 지식재산에 대한 이용 대가인 로열티 의미도 있지만 여기서는 이게 아니다. 정부 출연금 또는 지원비 중 20~40퍼센트를 환수해간다. 기업이든 연구기관이든 다 내야 한다. 지난해 하반기부터 중소기업엔 10퍼센트로 낮췄다. 1980년대 정부 R&D 예산이 충분하지 않았던 시절에 다음 과제 재원 확보를 위한 취지로 도입됐다. 일종의 '성공부 반납금'이나 '환불금' 개념이다. 국민 세금으로 지원하는 것이니 당연히 공짜로 줘서는 안 될 일이다. 사후에 어떤 식으로든 찾아오는 게 맞다.

현행 제도에서는 '누이 좋고 매부 좋고' 식으로 나눠 먹기가 횡행하고 있다는 데 문제가 있다. 연구개발 과제를 성공해야 기술료를 내도록 하는데, 성공 판정 비율은 평균 90퍼센트에 달한다. 정부 공식 통계다. 성공을 거둔 것으로 꾸며야 정부나 과제를 따낸 쪽 모두 좋기 때문이다. 열 개 중 한 개 정도 될까 말까 한 게 벤처 속성인데 이렇게 높은 성공률이란 '눈 가리고 아웅' 하는 거나 다름없다. 연구개발 과제 성공이 수익 창출이나 사업화로 연결되느냐는 전혀 별개다. 일부 중소기업은 기술료를 내기 위해 처음부터 지원금 일부를 적립해뒀다가 성공 판정을 받고 난 후 기술료로 낸다. 기술적으로는 성공했지만 수익화에는 실패했을 때 속으로는 손실을 보면서 기술료를 갖다 바쳐야 하는 속앓이를 한다. 다음 과제에 또 신청하려면 성공 실적을 쌓아야 하기 때문이다.

이렇게 모아진 기술료는 2009년에 이미 4,000억 원을 넘었다. 대학과 공공연구소 등 275개 공공연구기관에서 거둔 기술료만 2011년 1,258억 원에 달했다. 그런데 기술료에 대한 명확한 사용기준이나 관리 규정이 제대로 없다. 국가재정법상 예산총계주의의 예외사항이어서 징수액 전체 규모를 정확히 파악하기도 어렵다. 어디에 얼마씩 다시 투자됐는지 명확한 통계를 찾기 어렵다. 해당 부처, 정부출연연구기관, 대학에서 감사도 받지 않고 나눠 먹는 돈이 돼 버렸다. 개인 주머니로 들어갔는지, 해당 부처에서 눈먼 돈으로 전용했는지 가려지지 않았다.

기술료 본래 취지는 이미 사라진 지 오래다. 심사 과정에서는 기술의 창의성, 정책적 중요성 등 본래 취지보다는 기술료 정부환수금 액수에 따라 연구개발 과제 선정 대상과 규모가 영향을 받는다. 기술료가 많이 걷히는 과제는 확대하고, 잘 걷히지 않는 분야는 축소하고 있으니 할 말 없다. 창조경제 창시자로 꼽히는 영국 경영전략학자 존 호킨스 박사는 지난 5월 방한 때 강연에서 "벤처 생태계 인프라스트럭처가 변하지 않는 창조경제는 말장난에 불과하다"고 일갈했다. 기술료 제도는 창조경제 시대 벤처 생태계 인프라스트럭처 개혁을 위해 우선적으로 정비해야 할 과제다.

— 〈매일경제〉 2013년 10월 15일 자 '매경포럼'

📚 전기차 체험기

제주에서의 전기차 탑승은 게으름 덕분이었다. 지난 10월 연휴 때 한라산 등반을 계획했는데 렌터카 예약을 미루다 떠밀려 받은 선택이 전기차였다.

골프장 카트와 뭐가 다를까 했는데 아니었다. 아무리 경차라지만 차 열쇠를 넘겨받을 때 계기판에 뜬 남은 주행거리 85킬로미터를 보고는 놀라지 않을 수 없었다. 가득 충전해도 80~90퍼센트만 채워지는 방식 때문이다.

낭패는 한라산 영실휴게소로 가는 길에서 생겼다. 갑자기 떨어진 기온에 밤을 보낸 뒤 급경사 산길을 달리던 전기차는 급속하게 방전됐고 목표 지점 코앞에서 퍼져버렸다. 한 시간 만에 온 견인차에 얹혀 간 영실 입구에 그나마 충전소가 있어 다행이었다. 제주도 전역에 있는 스물다섯 곳의 충전소로는 전기차가 확산되기에 불편함이 클 수밖에 없을 듯했다.

프랑스 파리 기후변화협약 당사국총회에 간 박근혜 대통령이 2030년 제주도엔 모든 자동차를 순수전기차BEV로 보급해 '카본 프리 아일랜드'로 전환하겠다고 공언했다. 전기차 1회 충전 주행거리를 현재의 2.5배로 늘리겠다는 목표도 말했다. 2030년 전국에 100만 대의 전기차가 보급되도록 한다는 계획이다.

생활 속에 파고들어온 순수전기차는 프랑스 억만장자 뱅상 볼로레가 파리 시내에 보급한 차량 공유 서비스 오토리브를 꼽을 수 있다. 2011년 12월부터 서비스를 시작해 현재 3,240여 대가 운영된다. 등록제인데 8만 명까지 회원을 늘렸다. 연회비 120유로에 30분당 5.5유로를 내면 된다. 하루 평균 1만 3,000여 회의 렌탈이 이뤄진다. 파리에서는 오토리브 주차공간 옆에 세워진 900개 충전시설을 쉽게 구경할 수 있다. 볼로레는 원래 배터리 제조업체인 블루솔루션을 통해 이 사업을 시작했다. 초기 투자비만 34억 달러에 달했다. 5년째로 접어드는 오토리브는 미국 인디애나폴리스와 영국 런던으로 확산 됐고, 로스앤젤레스와 싱가포르에서도 서비스를 시작하기로 했다.

자율주행시스템과 배터리 기술 발전이 결합되면 전기차 확산 속도는 더 빨라질 수 있다. 미국 업체 테슬라뿐 아니라 구글과 애플까지 자율주행 기능을 갖춘 전기차 개발 경쟁을 벌이고 있다. 스티브 잡스가 생전에 구상했다는 아이카 iCar를 그의 사후에 볼 수 있을지 기대 가득이다.

— 〈매일경제〉 2015년 12월 3일 자 '世智園'

전투기를 자력으로 생산한 국가는 10여 개국에 불과하다. 미국은 3세대 F-4에서부터 4세대 F-18을 거쳐 5세대 스텔스 F-22와 F-35로 단연 선두다. 러시아도 미그와 수호이를 거쳐 스텔스기인 T-50까지 갔다. 양자 경쟁에 프랑스가 미라지에 이어 4.5세대인 라팔로 뒤쫓지만 한발 뒤진다.

근래엔 중국이 J-20 스텔스 전투기를 선보이며 미국과 러시아를 따라잡으려 한다. 인도는 4세대 테자스를 넘어 러시아와 공동으로 스텔스급 FGFA를 개발 중이다. 브라질은 이탈리아와 협력으로 출발했다가 이젠 경전투기 A-29슈퍼투카노를 13개국에 수출할 정도이고 대형 수송기까지 자체 개발을 마쳤다.

후발 주자들에겐 세 가지 모델이 있다. 첫째는 일본과 대만이다. 일본의 경우 F-3라는 스텔스 전투기까지 보유했고, 대만은 초음속 경전투기 징궈經國를 개발했다. 하지만 미국의 철저한 통제 아래 이뤄낸 성과여서 족쇄가 채워져 있다.

둘째는 이스라엘이다. 두 차례 아랍과의 전쟁 후 자체 전투기 확보에 목을 매 F-16급인 랍비까지 개발해 독자 기술을 확보했지만 스스로 생산을 포기했다. 대신 스텔스기 도입에 항전과 무장 시스템은 자체 장비를 장착하기로 하는 등 미국으로부터 최대한 실리를 끌어내는 노선으로 돌아섰다.

셋째는 스웨덴이다. 비겐, 그리펜에 이어 5세대 그리펜NG를 진행 중인데 주요 장비를 타국에서 도입하면서도 핵심 기술은 철저하게 독자 개발을 추구한다.

한국은 한·미 동맹으로 미국의 울타리 안에 있지만 스웨덴 모델이 바람직하다. KF-16 면허생산, 경공격기 KA-1 설계생산, 초음속 훈련기 T-50 양산과 수출에 이르는 과정을 거쳐 왔고 보라매사업으로 불리는 한국형 전투기 개발사업 KF-X 에 진력하고 있다.

스텔스기 F-35 도입에 연계된 핵심기술 이전을 미국이 거부한 뒤 이제 KF-X사업에 AESA레이더 등을 자체 개발할 수밖에 없게 됐다. 개발을 맡은 국방과학연구소 ADD 는 2006년부터 시작해 전차와 호위함에 응용시험을 거쳐 현재 항공기에도 적용 중이다. AESA레이더로 공대공을 넘어 공대지, 공대해 모드까지 개발해야 하는데 목표시점을 3년 앞당겨 2021년까지 마치고 2025년 시재기에 통합기술을 적용하겠다고 한다. 미국, 유럽의 기술이전에 매달리지 않고 독자 개발로 가려면 결국 예산과 인력을 늘려줘야 한다. 한국형 전투기 개발이 꼭 가야 할 길이라면 선택과 집중을 할 수밖에 없다.

— 〈매일경제〉 2015년 11월 12일 자 '世智園'

쥘 베른의 후예들

혜성 탐사선 로제타호 스토리는 아직도 벅찬 감흥을 삭히지 못하게 한다. 두 번 튕기고 세 번째 내려앉은 탐사 로봇 필라이가 절벽 아래 경사면 음지에 자리 잡는 바람에 동면에 들어갔다는 얘기는 압권이다. 하루 6~7시간 햇빛을 받아야 태양전지를 충전할 수 있다니 태양에 가장 가까이 다가가는 내년 8월까지 기다려야 한단다. 혜성의 폭이 4킬로미터에 불과하고 시속 6만 6,000킬로미터로 움직이고 있었다. 1인치만 오차가 생겨도 착륙 지점이 250미터나 벗어난다. 우주과학기술이 이렇게 정교한 수준까지 와 있다는 게 경이롭다.

유럽우주국 ESA 은 이 프로젝트를 1990년대부터 준비했다고 한다. 2004년 3월 로제타호를 쏘아 올렸다. 10년 8개월 동안 65억 킬로미터를 날도록 해 혜성의 궤도에 접근시켰다. 미국항공우주국 NASA 이 1977년과 1978년 각각 발사한 보이저 1, 2호는 태양계를 벗어나 아직도 우주 공간을 비행하며 탐사자료를 보내오고 있다.

현대 과학기술이 탄생한 후 최고의 상상가를 들라면 단연 쥘 베른이다. 그는 1867년 《지구에서 달까지》라는 책을 썼다. 그로부터 102년 후 아폴로 11호가 달에 착륙했다. 딱 한 세기 먼저 발휘한 상상력이 현실로 나타났다.

1870년에는 《해저 2만 리》를 발표했다. 24년 후인 1894년 미국의 사이먼 레이크는 잠수함을 실제로 발명해낸다. 베른의 소설에는 잠수함과 우주여행 외에도 입체영상, 해상도시, 투명인간 같은 개념이 등장한다. 당시에는 공상이었을지 모르지만 기존의 개념을 혁신시켰고 현실에서 이뤄내도록 만든 기폭제가 됐다.

앨빈 토플러는 "미래는 예측하는 것이 아니라 상상하는 것이다"라고 말했다. 소설이나 영화에서 터무니없어 보이는 상상이 실현되는 걸 보면 토플러의 말은 일리 있다. 2054년을 배경으로 잡은 영화 〈마이너리티 리포트〉의 장면은 사물인터넷으로 실제 나타나고 있다.

크리스토퍼 놀란 감독의 영화 〈인터스텔라〉처럼 웜홀을 통한 시간 여행도 가능해질 것 같다. 웜홀이란 우주에서 블랙홀끼리 연결되는 순간이동 통로나 다른 시공간을 잇는 지름길로 이해하면 된다. 영화에서는 중력 차이로 행성의 1시간이 지구나 우주선에서는 7년이었다. 시간의 흐름을 늦출 수 있다는 상상이 조만간 실현될지도 모르겠다.

— 〈매일경제〉 2014년 11월 20일 자 '世智園'

사람 냄새 나는 공동체

· · ·

📚 장발장은행에 보내는 박수

문 열고 이틀 만에 2,000만 원이 모였다. 보름 동안 266명이 5,360만여 원을 보내왔다. 몇 천 원에서 수백만 원까지 십시일반이다. 장발장을 떠올리듯 은촛대를 보태는 심정이라며 돈을 보낸 이도 있다. 이 돈으로 벌써 17명에게 3,000만 원을 지원했다.

장발장은행이라는 구호단체 얘기다. 국세청의 허가를 받고 설 연휴 직후부터 활동을 시작했다. 명칭에 은행이 붙어 있지만 이자놀이를 하거나 돈을 굴리지 않는다.

벌금형을 선고받았는데 돈이 없어 대신 감옥에 가 몸으로 때워야 하는 가난한 이들이 이 땅에 없도록 하자는 취지로 세워졌다. 벌금

액수만큼 빌려주고 무이자에 6개월 거치, 1년 균등 상환하도록 한다. 대출 대상에서 살인·강도·성폭력·뇌물 사건과 상습범은 제외된다. 소년소녀가장이나 당장의 생계를 걱정해야 하는 극빈층을 우선한다.

첫 대상자로 뽑힌 네 명의 사연은 절절하다. 일용직 노동자로 일하는 A씨는 교차로에서 낸 교통사고로 신호 위반 벌금 100만 원을 받았다. 돈을 못 내 감옥에 가면 심장병 수술을 받은 아내와 두 아이가 굶어야 하니 발을 동동 구르다 장발장은행 고객이 됐다. 압류된 살림살이에 붙은 딱지를 훼손했다가 벌금 150만 원을 내야 하는 기초생활수급권자 B씨도 선정됐다. B씨는 낼 돈도 없지만 치매까지 앓고 있다. 가벼운 상해죄로 벌금 200만 원을 선고받은 C씨는 돈을 못내 감옥에 가면 홀로 남아야 하는 아홉 살 된 아들 때문에 한숨만 쉬다 장발장은행의 품에 안겼다.

대출심사위원회는 죄질과 소득 상태, 가족관계나 질병 같은 특수 상황을 따져 열일곱 명의 신청자 가운데 좁혔다고 한다.

천주교 산하 인권연대라는 단체가 몇 년 전부터 '43199' 캠페인 운동을 벌여왔다. 2009년 한 해 벌금형을 받고 낼 돈이 없어 감옥에 간 이들이 4만 3,199명에 달했던 기막힌 현실을 보고 시작했다.

현행법상 벌금형을 선고받으면 30일 이내에 현금으로 한 번에 완납해야 한다. 분납이나 일시연장 제도가 있으나 특별한 이유에만 예외로 적용되니 당장 현찰이 없으면 교도소행을 면치 못한다. 하루 수감으로 제한 돈은 5만 원. 법 규정의 취지는 노동 차압인데 실제로는 신체 차압이다. 해당자 가운데 도로교통법 위반 사범이 대다수다.

그러나 생계에 허덕이거나 미성년자여서 돈을 낼 수 없으면 사회에 해를 끼칠 나쁜 죄를 저지르지도 않았는데 감옥에 가야 한다. 가난하다는 이유로 공동체로부터 외면받았다는 생각으로 이어진다. 돈이 교도소 담장 안팎을 가른다.

그런데 십시일반 모은 부조로 사람을 구한다. 궁극적으로 그의 자유를 구한다. 국가가 빼앗아가려는 자유를 장발장은행이 지켜준다. 하지만 시비도 없지는 않다. 가볍더라도 범죄는 범죄인데 벌금을 안 낼 경우 교도소에 보내 죗값을 치르게 하는 교화 작업의 본뜻을 살릴 수 없다. 돈을 빌려간 이가 감옥행을 피했으면서 대출금도 안 갚으면 은행의 재원은 고갈될 수 있다.

그럼에도 장발장은행 덕분에 한 명이라도 불행한 운명에서 벗어날 수 있다면 열 명이 못 갚아도 의미가 있다는 홍세화 은행장의 말은 가슴을 울린다.

현행법처럼 소득이나 재산 상태와 상관없이 동일한 벌금액을 부과하는 총액벌금제에서는 형벌 불평등을 피할 수 없다. 북유럽 국가에서 택한 소득 수준에 따라 벌금을 차등화하는 소득누진벌금제는 이를 보완하려는 의도다. 다른 접근 방법이지만 일수벌금제도 대안이 될 수 있다. 죄질에 따라 부과하는 일수를 따로 정하고, 1일 벌금액 단위는 소득과 재산 상태에 맞춰 결정하는 방식이다.

어떤 고민을 해서든 재산 불평등이 형벌 불평등으로 이어지는 사회를 만들지는 않도록 해법을 찾아야 한다. 장발장은행 출범 회견문

에는 이런 논의를 응축해 이렇게 표현했다. "돈이 자유를 빼앗아가
는 세상을 한 뼘이라도 밀어내고자 한다."

장발장은행은 시민의 기부액에 비례해 은행 구실을 할 수 있다.
내가 보내는 적은 돈으로 다른 사람의 자유를 구할 수 있다면 한번쯤
관심을 가져볼 일이다.

— 〈매일경제〉 2015년 3월 10일 자 '매경포럼'

🔖 중산층 70퍼센트 시대의 충분조건

여러분은 과연 자신을 중산층에 속한다고 생각하는지. 지난해
말 〈매경이코노미〉가 내놓았던 설문조사 결과는 놀라웠다. 통계상
으로 한국의 중산층 비율은 64퍼센트인데 열 명 중 여덟 명이 스스
로를 중산층에 속하지 않는다고 생각한다는 것이다. 일본인은 일곱
명꼴, 중국인은 다섯 명꼴이니 우리의 스스로에 대한 의식이 참 초라
하다. 상대적 박탈감일까, 절대적 빈곤일까.

주변을 둘러보면 이해는 간다. 기업들은 때만 되면 구조조정을
앞세워 쫓아낸다. 노동시장은 경직돼 새 일자리를 잡기 어렵다. 대기
업일수록 싼 임금을 찾아 해외로 나가버렸다. 밀려난 월급쟁이들은
자영업에 뛰어들었다가 돈만 날렸다. 일자리 자체가 줄었고 중산층
으로 가기 위한 경제적 통로는 좁아졌다.

이론적으론 개인별 가처분소득의 딱 중간에서 양쪽 50~150퍼센트 에

해당하는 게 중산층이다. 2011년 1인당 가처분소득을 기준으로 월 175만 원에서 525만 원까지가 대상이다. 정작 직장인들에게 물었더니 기대치가 훨씬 높았다. 부채 없이 30평형 아파트 한 채는 있고, 중형 자동차와 예금 1억 원 정도에 1년에 한 차례 이상 해외여행쯤은 해야 중산층이라고 답했다.

그런데 프랑스와 영국에서 통용된다는 중산층 기준은 우리 직장인들을 천박한 '속물'로 전락시켜 버린다. 1969년 당선된 조르주 퐁피두 전 프랑스 대통령이 선거 때 삶의 질을 높이겠다며 내건 공약에서의 기준은 우리와 참 다르다. 외국어 하나, 직접 즐기는 스포츠, 다룰 줄 아는 악기, 나름의 요리솜씨 등이다. 환경 문제에 자기 집 일 이상으로 적극성을 보이라는 항목도 있다. 영국 옥스퍼드대가 제시한 기준은 한결 더 고고하다. 페어플레이를 할 것, 자신의 주장과 신념을 가질 것, 약자를 두둔하고 강자에 당당히 대응할 것, 불의와 불법에 의연히 대처할 것 등이다.

프랑스와 영국은 선진국이니 경제적 차원을 넘어 문화적, 도덕적 측면을 더 강조한 것이라고 봐야 하나. 1969년의 프랑스와, 옥스퍼드대의 교재가 나온 1950년대 경제상황은 다른 나라보다 상대적으로 나았을지언정 절대적 풍요와는 거리가 멀었을 텐데.

박근혜 대통령 당선인의 공약에서 가장 먹혔던 슬로건 가운데 하나가 중산층 70퍼센트 시대를 다시 열겠다는 것이었다. 그러나 현실은 녹록지 않다. 지난해 무역8강국에 들었고, 세계 일곱 번째로 인구 5,000만 명에 1인당 소득 2만 달러 국가 대열에 진입했다며 자화자

찬했지만 따져 보면 압축성장의 어두운 그림자는 더 짙게 드리워지고 있다. 미국 갤럽 조사에서 행복지수 순위는 세계 97위에 머문다. 선진국 클럽이라는 OECD 국가 중 자살률은 부끄럽게도 1위다.

새 정부의 정책에서 중산층 복원 방안을 제대로 마련하지 못하면 자칫 MB정부의 '747플랜'처럼 허언으로 그칠 수도 있다. 중산층 소속감을 높이기 위해서는 국민 개개인의 소득을 올려주면 간단한데 뚝딱 못 해주니 고민일 게다. 물질적 풍요는 필요조건일 뿐 충분조건은 아니다. 새 정부의 중산층 70퍼센트 복원 방안에 프랑스나 영국에서 제시됐다는 기준 가운데 한둘이라도 원용한 실천항목이 선택됐으면 좋겠다. 먹고살기 바빠 죽겠는데 무슨 한가한 소리냐고 한다면 할 말 없다. 페어플레이나 불의에 맞서는 자세가 중산층과 무슨 관계냐고 쏘아붙이더라도 대응할 논리는 별로 없다. 위아래를 보듬고 아우르는 배려나 여유를 가질 수 있어야 진정한 중산층일 것 같아서다. 이런 중산층이 두꺼워져야 건강한 사회다.

2010년 새해 첫날 칼럼에서 작은 실천부터 하자고 제안한 적이 있었다. 그 직전 연말에 한 자선단체가 마련한 장애우들의 공연을 본 뒤 나도 조금씩 기부하겠다고 신청했었다. 나눌 재능이나 봉사할 시간이 부족하니 돈으로 대신하지만 뿌듯하다. 첫 여성대통령도 탄생했으니 새해에는 우리 모두 좀 고고하게 살기 위해 노력해 보자.

— 〈매일경제〉 2013년 1월 15일 자 '매경포럼'

🗂 웰다잉

일본 미야자키 시가 고령자들에게 '내 마음을 전하는 노트'를 쓰도록 권한다고 한다. 혼수상태에 빠지거나 갑자기 사망했을 때를 대비해 미리 작성하는 문서다. 가족에게 전하는 유언장과 비슷한데 연명치료 여부를 항목별로 적도록 한다는 점에서 여타 '엔딩 노트'와 다르다. 연명치료에 의존하며 마지막을 보내고 싶지 않은 이들을 위해서다. 인간으로서 존엄을 지키며 죽음을 맞는 이른바 '웰다잉 well dying'을 추구하는 철학이다. 암으로 세상을 뜬 소설가 최인호의 말처럼 '환자로 죽고 싶지 않고 작가로 죽고 싶다'는 바람과 비슷하다.

의학적으로는 안락사 euthanasia가 있다. 고통을 덜어주기 위한 '좋은 죽음'이다. 주로 소생 불가능한 중환자들이 대상이다. 네덜란드, 벨기에 등에서는 법적으로 허용하고 있다. 하지만 다른 나라에서는 안락사를 도운 의사나 가족에게 살인죄를 적용한다. 국내에서도 1997년 보라매병원에서 발생한 유사한 사건이 있었다.

소극적인 안락사인 존엄사 death with dignity도 있다. 1976년 미국 뉴저지 주 대법원이 식물인간이던 21세 여성 캐런 퀸란 가족의 인공호흡기 제거 요청을 받아들이며 길을 텄다. 국내에서는 2009년 식물인간 상태이던 김 모 할머니 자녀들의 연명치료 중단 요구를 병원 측이 거부하자 대법원까지 가 호흡기를 뗀 사례가 있다. 얼마 전엔 미국에서 말기 암을 앓는 29세 여성이 존엄사를 허용하는 오리건 주로 이사까지 가 미리 예고한 날 가족 앞에서 스스로 약물을 먹고 눈을 감았다.

인공적인 장치나 치료로 연명해야 할 상황이 됐을 때 원하지 않으면 본인 의사가 반영될 수 있어야 한다. 2013년 7월 국가생명윤리위원회는 '연명의료의 환자 결정권에 관한 권고안'을 발표하고 특별법 제정을 권고했다. 스스로 사전의료의향서를 작성해뒀으면 연명치료를 중단할 수 있도록 한 것이다. 심폐소생술, 인공호흡기, 혈액투석, 항암제 투여처럼 전문 기술과 장비가 포함된 치료에만 국한된다. 존엄스럽게 죽음을 맞으면서 한편으로는 더 살아가야 할 가족에게 부담을 주지 않으려는 배려다. 문제는 사전의료의향서를 언제 써둘 것이냐다. 건강하고 정신 멀쩡할 때 사전의료의향서에 관심을 가져보자.

— 〈매일경제〉 2014년 11월 11일 자 '世智園'

"아내가 고통받는 모습을 더 이상 지켜볼 수 없었어요. 하늘나라로 가서 호흡기 없이 편안히 숨 쉴 수 있기를 바랐을 뿐입니다."

의식 없이 연명하던 77세 아내의 산소호흡기 호스를 칼로 잘라 숨지게 한 시골 농부 심 모씨 얘기는 눈물 없이 읽기 어렵다. 지난 5월 전북대병원 중환자실에서 벌어진 일이다. 5년 전 폐암말기 판정 후 수술을 받은 아내는 입원과 통원 치료를 거듭했다. 이날도 하루 전 심장박동이 멎어 심폐소생술 후 중환자실로 옮겼다. 산더미 같은 병원비로 생긴 빚도 문제였지만 심신이 다 지쳤다. 편안한 임종을 맞게 해주는 게 아내에게 줄 수 있는 마지막 선물이라 생각했다고 남편은 말했다.

심 씨 사건 보도를 본 뒤 우리 사회의 금기인 존엄사 문제를 내내 생각해 왔다. 마침 대통령 직속 국가생명윤리심의위원회가 연명치료 중단에 대한 국민의 의견을 받겠다고 했는데 지난주 마감했다. 국민적 합의를 이끌어냄으로써 존엄사를 정착시킬 수 있는 법적 방안을 마련하겠다는 것이다. 온 나라가 대선후보 동향과 정책에만 이목을 집중하는 것 같지만 이렇게 묵묵히 사과나무를 심는 이들도 있어 다행이다.

존엄사란 인간으로서 지녀야 할 최소한의 품위와 가치를 지키면서 죽을 수 있게 하는 것을 말한다. 최선의 의학적 치료를 다했어도 회복 불가능한 단계에 이르렀을 때, 무의미한 연명시술을 중단하고 자연적 죽음을 받아들이는 거다. 고통받는 환자가 약 투입 같은 인위적 행위로 죽게 하는 안락사와는 다르다.

매년 18만여 명의 환자가 암 같은 질환의 말기에 도달해 병원에서 임종한다. 이 중 3만여 명에게는 사망 전 심폐소생술이나 인공호흡기 같은 연명치료장치가 쓰인다. 의사들은 이를 연명치료라 부르지 않고 연명시술이라고 고집한다.

식물인간 상태였던 김 모 할머니 가족이 2008년 세브란스병원을 상대로 낸 연명치료장치 제거 청구소송이 다음 해 대법원에서 받아들여진 뒤 관심을 집중시켰다. 그때까지의 사회 풍토에서는 파격적이었다. 외국 판결을 융통성 없이 따라갔다는 논란도 있었다.

하여튼 이후 존엄사 관련 협의체가 구성됐다. 2010년 7월엔 연명시술 중단에 관한 원칙도 마련됐다. 생명윤리와 관련된 종교계의 입장, 기존 법원의 판례, 외국의 사례, 의학계의 우려 등이 폭넓게 반영됐다.

그렇지만 실제 의료 현장에선 지켜지지 않았다. 가족에 의한 대리결정을 허용할 것이냐를 두고 사회적 합의에 도달하지 못했기 때문이다. 2001년 소생 가망 없는 환자를 퇴원시킨 서울 보라매병원 의사에게 살인방조죄 판결이 내려진 후 일선 병원에서는 아무리 중환자라도 함부로 퇴원시키지 않고 있다.

대만에서는 말기 환자가 스스로 의사를 밝힐 수 없을 경우 가까운 친척 순서로 연명시술 중단을 대리 결정하도록 2000년 법에 정했다. 일본도 비슷한 지침을 2007년 법제화했다. 우리는 '존엄사법'

이나 '삶의 마지막 단계에서 자연스러운 죽음을 맞이할 권리에 관한 법률안'이 발의됐지만 무기한 계류됐다가 폐기됐다.

보건복지부 조사에 의하면 국민 열 명 중 일곱 명은 무의미한 연명치료 중단을 찬성하고 있다. 가족들의 고통69.4퍼센트, 본인에게 고통만을 주는 치료65.8퍼센트, 경제적 부담60.2퍼센트 등이 이유다. 이런 현실적인 요구를 반영해 대형 병원에서는 사전의료의향서라는 제도를 이미 활용하고 있다. 질병으로 죽음을 앞두고 있을 경우 연명시술을 원하는지 여부를 환자 본인이 미리 작성해두는 것이다. 물론 마음이 바뀌면 언제든 철회할 수도 있다.

연명치료 중단은 먼저 당사자에게 자연스럽게 받아들여져야 한다. 단순히 가족에게 경제적 부담을 주지 말자는 차원이 아니다. 품위 있는 죽음을 맞는다는 인간 본연의 권리 확보를 위해서다. 그러려면 본인이 건강한 상태에서 이성적 판단을 할 수 있을 때 결정해 둬야 한다. 사전의료의향서에 관심을 가져 보기를 강력히 권한다.

— 〈매일경제〉 2012년 10월 30일 자 '매경포럼'

일본군 위안부 할머니들의 실체를 국제사회에 처음 알린 건 1988년 제주에서 열렸던 한 세미나였다. 당시 일본인들의 기생관광 반대운동을 펼치던 한국교회여성연합회가 주관한 자리다. 윤정옥 전 이화여대 영문학과 교수는 정신대라는 이름의 추한 역사를 공식 거론했다.

위안부 문제는 윤 교수의 집요한 노력 덕분에 역사의 뒤안에서 전면으로 나왔다. 이제 88세를 맞은 그는 동시대 여성들의 아픔에 남다른 관심을 쏟아가며 평생 매달렸다. 1980년엔 일제강점기 때 강제로 끌려갔다가 고향에 오지 못하고 오키나와에 살던 배봉기 할머니의 존재를 알렸다. 이화여대 안에 정신대연구소도 설립해 운영했다. 그의 노력은 한국정신대문제대책협의회 정대협 출범으로 이어졌다. 1990년 11월 16일의 일이다.

정대협은 1992년 1월부터 일본대사관 앞에서 수요집회를 시작했다. 그리고 19년을 보낸 지난달 28일 1002회째를 이어왔다. 역사적인 1000회 집회 하루 전 위안부 쉼터에서 여생을 보내던 김요지 할머니 83세가 세상을 떴다. 그 며칠 앞서 중국 훈춘에 살던 박서운 할머니 94세도 돌아가셨다. 한국 정부에 등록된 234명의 위안부 피해자 가운데 지난해에만 16명이 타계했다. 이제 생존자는 63명. 그들의 평균 연령은 87세다.

미국에서는 '한국전참전용사디지털기념관 Korean War Veterans Digital

Memorial'이라는 이름의 웹사이트 www.kwvdm.org 가 지난해 12월 15일 개설됐다. 시러큐스대 맥스웰스쿨에서 정치학을 가르치고 있는 한종우 교수가 펼친 노력의 결실이다. 사이트에는 중부 뉴욕 한국전참전용사협회 105지부에서 확보한 증언과 사진, 일기, 포스터, 지도 등 생생한 자료 1,262점이 실려 있다.

미국 정부가 한국전쟁 참전용사로 규정한 대상은 700만여 명. 6·25전쟁 개전 후 유엔군 참전부터 휴전까지 전투에 참여한 군인에다 1955년 1월까지 한국에 근무하며 전후 처리에 관여한 이들을 아우른다. 그들의 평균연령은 82세. 아직 220만여 명이 생존해 있지만 5년 후엔 절반으로, 이후엔 더 빠른 속도로 줄 것으로 예상된다.

한 교수는 2006년부터 한국전참전용사디지털기념관 작업을 구상했으며, 지난해 5월부터 본격적인 자료 확보에 나섰다. 올해부터는 뉴욕 주를 뛰어넘어 2016년까지 미국 전역으로 넓혀간다는 계획이다. 관련 재단도 출범시킨다는 목표다.

한 교수는 "잊힌 전쟁이라는 불명예를 떼어내고 양국의 젊은 세대들에게 역사교육을 제대로 하기 위해 시작했다"며 "민간 차원에서의 이런 작업이 한·미 동맹을 더 공고하게 강화하는 효과도 가져올 것"이라고 말했다.

윤 교수와 한 교수가 뿌린 씨앗은 묻혀버릴 역사를 전면으로 이끌어낸 디딤돌이다.

수요집회 1000회를 맞아 서울 일본대사관 앞에 세워진 13세 소녀상에는 매일 새로운 목도리와 털모자가 바뀌어 둘러쳐진다. 윤 교수가 뿌린 씨앗이 많은 이들에게 퍼져가고 있음을 보여준다. 서대문구 위안부 할머니 쉼터나 경기도 광주에 있는 또 다른 쉼터인 '나눔의 집'도 윤 교수의 씨앗이 일궈낸 열매들이다.

지난해 말 교토 한·일 정상회담에서 이명박 대통령은 위안부 문제를 적극 거론했다. 올해 양국 간에 밀고 당길 현안이 산적해 있지만 이 난관부터 먼저 넘어야 한다.

역사학자 E. H. 카는 "우리는 오로지 현재의 눈을 통해서만 과거를 조망할 수 있고, 과거에 대한 우리의 이해에 도달할 수 있다"고 말했다. 아픈 역사를 몸으로 보여주는 동시대 생존자들로부터 얻는 증언은 어느 것과 비교할 수 없을 만큼 생생하고 진실을 담고 있다.

임진년 새해 사흘째다. 아직 세상을 뜨지 않은 위안부 할머니들과 한국전 참전 미군들에게 관심과 작은 성원을 보내는 걸로 올해를 시작해 보자.

— 〈매일경제〉 2012년 1월 3일 자 '매경포럼'

새해 첫날이니 밝은 얘기로 풀어 보려 한다. 해 바뀌기 전 송년회를 핑계로 이런저런 모임에 다녔다. 오랜만에 만난 막역지우들과는 그저 웃고 즐겼다. 업무를 사이에 둔 취재원들과는 교분을 쌓았다. 워싱턴 특파원 시절 함께 일했던 이들과는 옛 추억을 떠올리며 즐거워했다. 나라 걱정하는 원로들과 선배들을 만나서는 한국 사회의 앞날에 대한 조언도 들었다. 일면 소모적이었고 어찌 보면 건설적이었다.

하지만 아무리 비교해 봐도 보람 있고 의미 있는 자리는 따로 있었다. 지난달 중순 어느 일요일 저녁 한 지인의 초청으로 갔던 음악회였다. 어느 자선단체가 마련한 장애우들의 공연이었다. 서른 살의 뇌성마비 피아니스트 김경민 씨는 베토벤의 피아노 소나타 14번 1악장을 멋지게 쳐냈다. 1급 뇌성마비를 앓아 말과 걸음이 편치 않은 그는 직접 작곡한 '그리움'이라는 곡도 직접 소개한 뒤 연주했다. 피아니스트는 힘들게 의자에서 일어나 이렇게 말했다.

"피아노를 시작한 뒤 처음에는 주먹으로 건반을 쳤습니다. 손가락이 펴지지 않았기 때문입니다. 그러나 차츰차츰 연습을 해가며 희망이라는 단어만 생각했습니다. 바로 그 희망이 저를 피아니스트로 만들어냈습니다." 뭉클해진 청중들은 기립박수를 보냈다.

시각장애우들로만 구성된 '하트 체임버 오케스트라'는 영화음악 작곡가 엔니오 모리코네의 작품을 감미로운 선율로 들려줬다. 유명한 음악 영화〈사운드 오브 뮤직〉에 나온 여러 노래를 메들리로 들려

줄 땐 청중들을 하나로 만들어버렸다.

하트 체임버 오케스트라는 세계 최초의 시각장애우로 이뤄진 관현악단이라고 했다. 음악감독을 맡고 있는 이상재 나사렛대 음대 교수는 "지난 2008년 12월 그때까지 후원해주던 재단이 재정 사정을 이유로 지원해주지 못한다고 할 땐 정말 하늘이 무너지는 것 같았다"며 "하지만 대신 도움 줄 이들을 찾았고 계속 무대에 설 수 있게 돼 기쁘다"고 말했다. 본인도 시각장애를 갖고 있는 이 교수는 "시각장애우들로 구성된 체임버 오케스트라에는 그야말로 눈물겨운 각자의 삶이 녹아 있다"고 떨리는 목소리로 말했다.

시각장애를 안고 있음에도 클래식기타를 멋지게 치는 허지연 양은 단연 돋보였다. 피아노, 바이올린, 첼로까지 포함된 앙상블 팀에서다. 뇌성마비, 시각장애 등을 앓고 있는 초·중·고교 학생들로 구성된 여덟 명의 앙상블 팀이다. 그들이 들려준 대중가요는 마치 성가곡 같았다. 어느 전문 연주자들의 무대보다 더 장엄했고 감동스러웠다.

나는 그날 장애우들의 연주를 들으며 함께 더불어 사는 세상의 의미를 실감했다. 그들이 연주 무대에 설 수 있었던 건 주변의 도움과 관심 덕분이었다. 장애우들에게 아무 대가 없이 음악을 가르친 이들이 있었다. 이들의 연주 무대를 마련해주기 위해 재정을 지원하는 자선단체의 노력도 있었다. 변호사로 일하는 노재헌 씨의 헌신이 돋보였다. 정용진 신세계 부회장이 그들에게 평소 했다는 봉사 활동은 일회성이 아닌 듯했다.

장애우들을 도왔던 이들에게 경의를 보냈다. 뜨거운 박수를 보냈다. 장애를 딛고 정상인에 뒤지지 않을 정도로 연주를 해내는 본인들에게 보낸 박수가 먼저다. 장애우들을 돕기 위해 돈도 내고 봉사하는 자선단체 회원들에게 보낸 박수가 다음이다.

공연장을 나오면서 나도 참여했다. 작은 돈이지만 자선단체에 매달 후원하겠다는 약정을 했다.

지난 연말 내린 작은 결정 덕분에 새해 아침 나는 뿌듯하다. 장애우들의 아름다운 연주 활동을 지원하는 데 내 성의가 더해진다는 자부심 때문이다. 건방져 보이더라도 감히 권유한다. 새해를 시작하는 이 아침에 당장 찾아 나서라고. 자선과 기부가 좋은 일이지만 남의 몫이라고 생각했던 분들에게다. 돈이든 재능이든 남에게 베풀 수 있는 처지에 있는 이들이라면 도울 일을 찾으며 새해 아침을 열면 어떨까.

— 〈매일경제〉 2010년 1월 1일 자 '데스크칼럼'

틀림이 아닌 다름과 차이일 뿐

∴

📚 이슬람 신도가 기독교도보다 많아진다

유엔 인구통계국에서 제시한 2014년 말 기준 세계 인구는 약 73억 명 정도다. 2011년 10월 31일을 기점으로 70억 명을 돌파한 것으로 선언했는데 1959년 30억 명을 넘어설 때까지 더디게 늘다가 이후 산업화와 함께 빠른 증가세를 보인다. 60억 명에서 70억 명으로 늘어나는 데는 불과 13년밖에 걸리지 않았다.

73억 명의 세계 인구에서 무슬림 이슬람교를 믿는 사람 은 18억 명 정도로 네 명 중 한 명꼴이다. 기독교도 가톨릭과 개신교 는 무슬림에 비해 6억 명가량 더 많은 것으로 집계된다.

하지만 2050년쯤이면 이슬람교도가 기독교도와 거의 같은 숫자에 이를 것이라는 분석이 나왔다. 한발 더 나가 2070년 이후에는 이슬람교도가 기독교도를 앞질러 세계 최대 신도를 보유한 종교가 될 것이라고 한다. 〈월스트리트저널〉이 미국의 연구기관 퓨리서치센터의 보고서를 인용해 보도한 내용이다.

〈세계 종교의 미래〉라는 이름의 보고서를 보면 2050년 기독교도는 29억 1,807만 명으로 추산되는데 이슬람교도는 27억 6,148만 명으로 거의 차이를 보이지 않을 것이라는 예상이다. 35년 사이에 기독교도는 7억 5,000만 명 정도 늘어나는 데 비해 이슬람교도는 11억 6,000만 명 증가하면서 대등한 수준에 이른다는 것이다.

이슬람교도의 증가세는 젊은 층 신자가 많은데 거기에 높은 출산율을 유지하는 덕분이다. 이슬람교도는 여성 한 명당 평균 3.1명의 아이를 낳는 반면 기독교도는 2.7명, 힌두교도는 2.4명, 유대교도는 2.3명이다.

이슬람교도의 60퍼센트 이상은 아시아·태평양 지역에, 20퍼센트는 중동과 북아프리카 지역에, 나머지 20퍼센트는 기타 지역에 분포돼 있다.

유럽과 북미 대륙에서 무슬림 인구는 아직까지 소수다. 하지만 미국에서도 이슬람교도는 계속 늘어나 2030년 전체의 1.7퍼센트인 620만 명까지 늘어나 미국 성공회 신자와 비슷한 수준에 도달할 것이라는 예상이다. 유대인의 나라인 이스라엘에서도 무슬림이 꾸준히 늘어 2030년에는 전체 인구의 23퍼센트를 차지할 것이라는 분석이다. 유럽의 경우 2030년에 전체 인구의 8퍼센트를 무슬림들이 차지할 것으로 추산된다. 유럽에서 무슬림이 가장 많은 나라는 러시아로 이 무렵에 1,860만 명 정도까지 늘어날 것이라는 예상이다.

지난 100년간 세계적으로 무슬림 수는 급증하고 있다. 기독교 컨설팅업체인 프로젝트 케어의 조사를 보면 1900년부터 2010년까지 전체 인구 가운데 기독교도와 이슬람교도의 비중을 비교한 결과 기독교의 경우 과거부터 현재까지 거의 비슷했으나 이슬람교도의 비중은 두 배 가까이 증가했다. 기독교도의 경우 1900년 34.5퍼센트에서 2010년 32.9퍼센트로 비슷하다. 반면 이슬람교도는 1900년 12.3퍼센트에서 2010년 22.5퍼센트로 증가했다.

종교학자들은 기독교도의 감소를 합리주의적 사고의 확산과 영적인 권위에 대한 인식 거부 등에서 찾는다고 한다. 최대 종교 자리를 놓고 벌여야 하는 기독교와 이슬람교 간의 경쟁은 계속 이어질 것이다. 하지만 더 우려되는 점은 기독교와 이슬람교를 떠나 종교 자체를 외면하는 이들이 많아지는 현대사회의 세태다.

— 〈매일경제〉 2015년 4월 30일 자 '매경프리미엄'

지난주 초 바티칸에서 날아온 소식은 놀라웠다. 세계주교대의원회의의 중간 보고서다. 동성애자를 교회가 포용해야 한다고 했다. 비교회 혼인 및 동거 인정, 이혼 및 재혼자의 영성체 허용 등 과거엔 상상도 못했던 내용이 들어 있었다. 낭독될 때 프란치스코 교황도 자리했다고 한다. 하지만 최종 보고서 작성을 위한 투표에서는 참석자 3분의 2라는 벽을 못 넘었다. 관련 문구는 보고서에서 삭제됐다. 보수파의 반발에 무산됐다.

비슷한 시기에 미국을 방문한 박원순 서울시장이 동성애자의 권리를 옹호한다는 의견을 비쳤다. 〈샌프란시스코 이그재미너 The San Francisco Examiner〉 신문과 인터뷰하면서다. 한국 법은 동성 결혼을 허용하지 않으나 이미 많은 동성 커플이 함께 살고 있는 현실을 인정하자고 했다. 헌법에 국민의 행복추구권을 보장했으니 동성끼리 결혼할 권리를 보장한다고 생각한다는 논리였다.

주교대의원회의 의견은 가톨릭 내 완강한 보수 성향에 대한 정면 도전이었다. 한 성 소수자 인권단체는 "열린 자세로 토론한 것 자체가 미래에 대한 희망"이라고 평가했다. 박 시장도 대권 가도를 위한 행보라는 평가를 받았지만 보수파의 파상 공세에 휩싸였다. 동성 결혼을 법으로 허용한 나라는 2001년 네덜란드를 시작으로 14개국에 이른다. 미국은 50개 주 가운데 30개 주가 합법화했다. 대다수 나라에서는 아직도 불법이다.

동성애자 권리 인정 문제는 백인백색 다를 수밖에 없다. 정치적 입장이나 종교적 신념에 따라 나뉜다. 분명한 건 다수에게 배타의 대상인 소수자들의 권리이니 조심스럽다는 점이다. 이들의 권리를 인정하자는 주교대의원회의나 박 시장은 분명 금기를 건드렸다. 후폭풍을 감수하면서 '다양성에 대한 포용'을 외친 용기를 보였다.

독일은 유럽연합 EU 회원국 중 가장 앞선 대국이다. 그런데 큰 고민을 안고 있다. EU 국가 중 으뜸인 인구 감소 때문이다. 2003년 8,240만 명이 정점이었다. 2013년 말 현재 8,210만 명이다. 2060년엔 6,600만여 명에 그칠 것으로 추산된다. 같은 시기 영국은 7,700만 명, 프랑스는 7,200만 명으로 오히려 늘어날 것이라는 기대이니 대비된다. 독일 여성의 출산율은 이미 1970년대 이래 1.4명을 맴돈다. 수십 년간 매년 수십억 유로를 쏟아부어도 무위였다.

독일 여성들이 아이를 낳지 않으려는 이유는 내부 문화에 있다. 전통적으로 이어져오는 남성 우위 기류에다 여성에 대한 직간접적인 무시가 작용했기 때문이라는 것이다. 아이를 일찍 유아원에 보낸 엄마에게 '라벤무터 Rabenmutter'라는 헐뜯는 조롱이 있다. '삭막한 엄마'라는 뜻이다. 따가운 눈총을 못 견뎌 24~35세 여성의 넷 중 하나는 출산을 꺼린다. 직업 전선에서 일을 택한다. 사회 전반에 깔려 있는 여성에 대한 낮은 배려가 인구 감소라는 거시적인 치명타를 가져온 셈이다.

양성평등 문화는 여성 취업률에서 나타난다. 여기에다 출산율도 동시에 끌어올린다는 건 수치로 확인된다. 양성평등지수가 높은 아일랜드, 아이슬란드, 프랑스의 출산율은 두 명을 웃돈다. 남성 중심이거나 가톨릭 보수 문화가 주류인 독일, 스페인, 이탈리아의 출산율은 1.4명 언저리다.

다양성 인정은 현실에 엄연히 존재하는 상대와의 차이를 포용하는 일이다. 성별, 인종, 나이, 성적 지향, 종교, 국적을 아울러야 한다. 사고방식과 문화를 강요해서는 안 된다. 대한민국엔 이미 신생아 20명 중 한 명이 다문화 가정에서 태어나고 있다. 2020년엔 20세 이하 인구의 5분의 1은 다문화 가정에 속할 것이란다. 사회적 소수자에 대한 배려는 다양성에 대한 인정에서부터 출발한다. 나와 다름을 받아들이고 존중해야 한다. 쉽지 않다. 그래도 노력해야 할 일이다.

— 〈매일경제〉 2014년 10월 21일 자 '매경포럼'

미국 중부에 있는 미주리 주의 별칭은 '쇼 미 스테이트show me state'
다. 뉴욕 주를 엠파이어 스테이트 empire state, 플로리다 주를 선샤인 스
테이트sunshine state로 각각 부르는 것과 비슷하다.

각 주의 별칭에는 나름대로의 역사가 담겨 있다. 미주리 주는 북
미 대륙 중간쯤에 자리 잡고 있다. 동서를 관통하는 70번 고속도로
가 미주리 주의 중앙을 가로지른다. 올해 미국 프로야구 메이저리그
월드시리즈에서 텍사스 레인저스를 막판까지 끌고 가 역전승을 이
뤄낸 카디널스 팀의 근거지인 세인트루이스가 중심도시다. 세인트
루이스에는 서부 개척 때 동부에서 서부로 찾아가는 이들이 반드시
통과했어야 한다는 거대한 아치가 있다. 동서의 관문임을 보여주는
상징물이다.

이렇게 접경 지역으로 대접받은 덕에 남북전쟁 때 남군과 북군이
미주리 주를 빈번하게 바꿔 차지했다. 심한 경우 하룻밤 새 주도권이
넘어가기도 했다. 남군이 완장을 차고 있다가 밤사이 자고 나면 북군
이 빼앗아 가는 꼴이다. 주민들은 섣불리 한쪽 편을 표 나게 들었다
가는 다음 날 곤욕을 치렀다. 죽임을 당하는 일도 비일비재했다.

살기 위해서는 이기는 편에 붙어야 했다. 그것도 싸움의 결과를
지켜본 뒤에 결정했다. 그 전에는 어느 쪽을 지지하는지를 감췄다.

낯선 이들은 자연스레 경계의 대상이 됐다. 그러다 보니 처음 보
는 이에게 이렇게 요구했다.

'플리즈 쇼 미 유어 아이덴티티 Please, show me your identity.'

정체를 밝히라는 얘기다. 어느 편인지 까 보라며 경계부터 한 뒤 상대를 맞는다.

요즘 우리 사회에 남북전쟁 때의 미국과 비슷한 분위기가 흐르고 있는 건 아닌지 걱정스럽다. 두어 달 전 진행한 서울시장 선거 과정에서나 정치판 곳곳에서 사람들은 비슷한 상황을 목도하고 있다.

서울시장 선거 캠페인은 여야 간의 대결을 뛰어넘어 보수와 진보의 결전으로 치러졌다. 두 후보를 지지하는 각각의 세력은 상대편에 대해 사사건건 비난을 퍼부었다. 일각에서는 내놓고 이런 상황을 부추겼다. 한쪽을 질타하며 오히려 자신의 존재감을 과시했다.

상대를 윽박지르면서 자기만 옳다고 강변했다. 한 걸음 더 나아가 자기 입장에 동조하라고 종용했다. 조용하게 앉아 있으면 '당신은 어느 편이냐'고 굳이 묻기까지 했다. 포용은 뒤로 내팽개쳐졌다. 중용이 설 자리를 찾기 어려워졌다.

논어에서는 중용을 과유불급 過猶不及 과 연결 지어 설명한다. 지나치지도 않고 모자라지도 않는 어느 한쪽으로 치우침이 없는 상태다. 극한으로 치닫지 않는 태도를 가리킨다. 일견 모호하고 추상적으로 들리겠지만, 때와 처지를 가려 가장 적절한 위치에 서는 것이 중용의 구체적 실천이라고 제시한다.

이젠 정치권을 뛰어넘어 사회단체나 친목모임에서조차 편 가르기가 횡행한다.

하지만 이런 몰아붙이기가 거세지면 슬그머니 고개를 돌리는 보통사람이 많다. 격론을 벌이는 자리를 아예 피해버리는 사람들이 늘어난다. 이게 조용하게 사는 '장삼이사張三李四'들의 모습이다.

세상에는 양극단만 존재해야 한다는 것인지. 자기편이 아니라면 왜 그리 무차별하게 공격을 퍼붓는지….

보수의 편에 설 때도 있고 진보를 옹호할 때도 있다. 결코 변절이거나 배신이 아니다. 이념의 잣대를 모든 사안에 다 들이대서는 안 된다. 딸을 가진 부모는 여권 신장을 위한 운동에 적극 동조할 거다. 그렇더라도 남녀관계에 마냥 개방적인 세태에는 절대로 손사래를 칠 거다. 딸 키우는 부모가 얼마든지 가질 수 있는 양면의 심정이다.

다른 분야에서도 이렇게 남의 입장을 인정해주는 여유가 아쉽다. 중도파를 회색주의자로 몰아버리는 극단의 분위기가 우리 사회에 확산되고 있는 건 아닌지 한 번쯤 돌아봤으면 한다.

유연성을 가진 사회, 상대를 포용할 수 있는 사회를 만들자. 중도파에게도 자유롭게 숨 쉴 공간을 허하라!

― 〈매일경제〉 2011년 12월 7일 자 '매경포럼'

해병대 2사단 내무반 총질 사건 후 생각을 굳혔다. 열아홉 살 아들에게 징집영장이 나와도 군대에 보내지 않기로. 남들이 손가락질하고 욕할지 모르지만 아랑곳하지 않을 작정이다.

본인들 군대 안 간 대통령이나 장관 그리고 자식들 군대 안 보낸 실력자들이 어느 때보다 존경스럽다. 그들의 혜안에 찬사를 보내고 싶다. 불법, 탈법만 아니라면 다소 편법이라 해도 아들 군대 안 보낼 묘수를 찾아보련다. 다른 부모들도 비슷한 심정일 거라고 확신한다.

천안함 사고가 났을 때는 이런 정도까지 흥분하지 않았다. 훈련 중이었고 작전 수행 중이었다니까. 대한민국 사내라면 의당 감내해야 할 병역의무이니 받아들여야 한다고 생각했다. 우리 세대는 그렇게 배웠다. 그런데 달라졌다. 요즘 아이들은 그냥 넘어가지 않는다.

툭하면 스스로 목숨을 끊는다. 급기야 내무반을 함께 쓰는 전우에게 총질을 했다. 조준 사격까지 했다니 기가 막힐 일이다.

뒤늦게 군대에서의 반인권적 가혹행위가 하나둘 드러나고 있다. 후임병의 성경책을 불 질렀다고 한다. 남의 종교조차 인정하지 않는 인간성 파괴의 극단이다. 상대를 괴롭히며 희열을 느끼는 '사디스트' 같은 행동이 줄 이어 폭로된다.

스무 살 전후의 젊은 아이들을 한곳에 모아놓았으니 감정싸움과 갈등이 없을 리 없다.

군에서는 한 해에 죽거나 다치는 장병이 대략 연대 병력쯤 된다는 얘기가 공공연하다. 정확히 몇 명이 목숨을 잃는지 알 길은 없다. 크고 작은 부상을 합쳐 이 정도의 희생을 치른다면 병역의무라는 게 되레 애들 잡는 몹쓸 일이다 싶다. 이럴 바에는 징병제를 던져버리고 차라리 모병제로 가는 게 어떨까.

재정 부담 증가 여부나 직업군인들의 반발 등 논란이 불을 보듯 뻔하지만 오죽하면 이런 제안을 할지 책임 있는 이들은 헤아려 주기 바란다.

어떻게 해야 재발을 막을 수 있을지 고민이다. 내부 고발 유도, 외부에서의 감시 등이 거론되지만 뻔할 거다. 가혹행위를 하면 해병대의 상징인 '빨간 명찰'을 떼도록 한다는데 그것도 별로다.

사고 친 병사의 인성 문제로 몰아붙여서는 안 된다. 사회 전체의 평소 교육 철학과 연결시켜 돌아볼 필요가 있다. 폭력이 폭력을 부르는 심리와 행태가 왜 나오는지 규명한 뒤 답을 끌어내야 한다.

기자는 몇 년 전 특파원으로 일하던 시절 당시 미국 고등학교를 다니던 아들이 전했던 얘기에서 해법의 실마리를 찾는다.

미국 학교에서 학생 간에 지켜야 할 제1의 철칙은 '리스펙트 아더스 respect others'였다. 의미 그대로 '상대방 존중하기'다. 공부시간에도 운동할 때도 언쟁을 벌일 때도 이걸 지켜야 한다. 이에 위배되면 교사는 엄중한 벌을 줬다.

수업시간에 질문할 때 남이 먼저 손을 들었으면 그가 먼저임을 인정해야 한다. 질문할 권한을 먼저 가졌음을 존중한다. 말싸움을 하다가 상대를 밀쳤거나 가격했다면 가장 심각한 상대방 존중하기 위

배로 간주해 벌을 준다.

순서를 기다리며 길게 줄 서 있는데 얌체같이 새치기를 하는 행위도 '리스펙트 아더스'를 위배한 거다.

초등학교부터 대학교까지 집단생활을 하면서 미국 아이들은 이 철칙을 몸에 배도록 교육받고 실천하며 산다. 학교마다 규칙이 있고 위반하면 적용하는 벌칙이 있지만 그에 앞서 개개인이 꼭 먼저 지켜야 할 덕목이 바로 '리스펙트 아더스'였다.

개인의 덕목이 사회 구성원 전체의 행동 강령으로 발전하도록 만들었다. 학교 교육을 받은 미국 아이들이라면 극단의 일탈 행위로 가기 전에 이런 덕목이 떠올려지게 훈련됐다. 자발적이고 자율적인 선택인 것 같지만 사실은 타율적 강제다. 겉보기엔 풀어준 듯해도 꼭 지켜야 할 규칙을 정해놓고 위반하면 일벌백계한다. 이게 오히려 효과적인 교육 방식이다.

— 〈매일경제〉 2011년 7월 20일 자 '매경데스크'

📚 지뢰 제거 캠페인

2003년 아프리카 앙골라에 취재를 갔을 때 '지뢰미인대회'라는 포스터를 보고 깜짝 놀랐다. 지뢰에 한쪽 발을 잃은 여성만 참가 자격을 준다. 역설적인 대회를 통해 지뢰의 참상을 알리자는 취지다. 포르투갈의 식민지배에서 1975년 독립한 앙골라는 27년간 좌우 내란을 치렀다. 이 과정에서 매설된 지뢰가 1,500만 개로 인구수 1,000만 명보다 더 많았다.

1991년 1차 걸프전 때 쿠웨이트 사막지대에는 이라크와 서방 다국적군에 의해 700만 개의 지뢰가 뿌려졌다. 쿠웨이트가 종전 후 지뢰제거작업에 들인 돈만 10억 달러였다.

지난달 비무장지대 DMZ 목함지뢰사건 때 부상한 하재헌 하사는 자신의 페이스북에 이렇게 글을 올렸다. "두 번 다시 나 같은 사고 피해자가 생기면 안 됩니다."

발목을 절단하고 병상에 누운 두 젊은 군인 모습은 지뢰가 얼마나 비인간적인 살상무기인지 다시 일깨웠다.

전문가들은 휴전선 DMZ에 100만 발 이상의 지뢰가 매설된 것으로 추정한다. 1㎡당 2.3개꼴로 지뢰매설밀도에서 세계 1위다. 2000년 경의선 철도 건설 합의 후 남쪽 지역 공사에서만 3만 6,000여 발의 지뢰를 제거해냈을 정도다. 현재의 기술과 능력으로 미확인지대까지 지뢰를 다 제거하려면 400년 이상 걸릴 것이라는 게 국방부의 설명이다.

지뢰사고가 DMZ에서만 나는 건 아니다. 민통선 내 농지나 서해 도서지역, 방공기지 등 후방 군사시설 주변에서도 민간인 피해자를 만든다. 후방지역에 매설된 것으로 추정되는 지뢰도 7만 5,000여 개다. 정부가 마련해 민간인 지뢰폭발 피해자에 대한 금전적 보상을 해주는 '지뢰피해자 지원에 관한 특별법' 시행에 들어간 게 올 4월이니 많이 늦었다.

국제사회는 대인지뢰금지협약_{오타와협약}을 맺어 1999년부터 발효시켰다. 비정부단체인 대인지뢰금지캠페인_{ICBL}이 주도했는데 당시 대표 조디 윌리엄스는 노벨평화상을 수상했다. 현재 161개국이 참여하고 있지만 남북한은 가입하지 않고 있다.

한국을 포함한 60여 개 나라에서 매년 4,000여 명이 지뢰사고로 희생되고 있다. 후손들에게 비극의 씨앗을 남기지 않으려면 우리도 지뢰 제거에 발 벗고 나서야 한다. 접근을 제한하는 DMZ는 군의 몫이겠지만, 후방지역에는 민간단체의 활동을 허용해야 한다. 매번 발의만 하고 폐기하고 마는 지뢰제거법도 속히 법제화하기 바란다.

— 〈매일경제〉 2015년 9월 11일 자 '世智園'

세월호 사건 1년을 맞아 가장 간직하고 싶은 말은 '기억'이다.

여배우 오드리 헵번의 아들 숀 헵번이 제안한 '세월호 기억의 숲'은 그 첫 번째다. 팽목항에서 4.16킬로미터 떨어진 진도군 백동 무궁화공원에 노란 리본을 떠올리게 하는 은행나무 30그루를 심으려 한다. 오드리 헵번은 은퇴 후 유니세프 친선대사로서 기아와 질병 현장을 누비며 펼친 구호 활동으로 더 존경을 받는다. 그런 어머니의 정신을 이어받은 아들이 세월호 유족을 위로하려고 나섰다. 정치와 이념을 떠나 서로를 위로하고 희생자를 오래 기억하는 장소가 되도록 만들자고 숀 헵번은 말한다.

팽목항 방파제 밑부분 195미터에 설치된 '세월호 기억의 벽'은 그 두 번째다. 나주에 있는 한 대안학교 학생들이 전국에서 그려 보내온 타일을 붙여 완성했다. 학생, 일반인 등 4,656명이 글과 그림으로 세월호의 안타까움과 그리움, 질책과 한탄을 담아 기억의 벽에 동참했다.

안산시 고잔동에 있는 '416기억전시관'은 그 세 번째다. 세월호 참사로 떠난 단원고 2학년 학생 246명 가운데 54명이 썼던 방을 찍은 사진을 전시한다. 아이들의 방이다. 사진 속 주인공은 하늘로 갔지만 책장에 학습지와 만화책이 꽂혀 있고, 의자 등받이에 교복이 걸쳐져 참사 이전 모습을 보여준다.

안산시 단원고 부근 한 상가건물 3층 옛 교회 예배당에 만든 세월호 기억저장소가 그 네 번째다. 145㎡ 천장에 매단 304개의 도자기

등불함에 사진과 일기장 등 희생자의 자료와 소품을 담았다. 김익한 명지대 교수의 제안에 건축가 60여 명과 가구·자재 업체 대표들이 뜻을 모아 유품과 관련 자료를 보관하고 사람들에게 보여줄 공간으로 꾸몄다.

봄꽃 향기에 취할 평범했던 4월 16일이 이젠 해마다 슬픔에 젖어야 할 암울한 날로 변했다. 아직 망각을 얘기할 때는 아니다. 세월호를 잊지 않으려면 기억을 정리하고 모아놓자. 제각각 가슴속에 담아둔 아픈 기억을 꺼내 나누고 이겨내자.

참사 1년을 맞은 오늘도 안타까움과 비통함이 한편에 있고, 분노와 경악이 다른 한편에 여전히 있다. 위로받아야 할 희생자 유가족에게 적대감을 표출하거나, 세월호를 언급하는 게 지겹다는 식의 언동은 절대 금물이다. 세월호는 아무리 가려도 가려지지 않는, 우리 시대의 부끄러운 자화상이다.

— 〈매일경제〉 2015년 4월 16일 자 '世智園'

그림 문외한도 뭉크 작품 '절규'에는 익숙하다. 지금은 뒤로 밀렸지만 미술경매에서 역대 최고가 1억 2,000만 달러 에 팔린 기록 덕분에도 유명했다. 다리 위에서 전율하며 양손을 얼굴에 대고 한 남성이 정면을 주시한다. 해골 같은 얼굴에는 공포에 찬 절규와 찢어지는 듯한 비명이 담겨 있다. 삶에서 겪을 수 있는 사고와 질병, 가난과 좌절 등 고통스러운 현실에 누구나 마주친다.

불안과 절망은 다양한 방식으로 표출된다. '절규'는 이런 감정 표현의 종착에서 만날 수 있는 정점에 해당될 듯하다. 노르웨이 작가 에드바르 뭉크는 어린 시절부터 가족의 질병과 죽음을 여러 번 경험했다. 의사였던 아버지는 성격장애였다. 어머니는 다섯 살 때 결핵으로 죽었다. 누나도 그가 열네 살 때 세상을 떴다. 여동생은 심한 우울증으로 정신병원을 드나들었다. 본인도 병약해 늘 죽음에 대한 불안에 떨었다. 불행한 운명에 대한 강박관념에 시달렸다. 뭉크는 이 그림에 대해 "미친 사람만이 그릴 수 있는 것이었다"고 토로했다.

제주로 가던 중 바다에 빠진 세월호 침몰은 운이 없어 터진 사고가 아니었다. 지켜야 할 규칙은 무시됐다. 사고 대응 매뉴얼은 작동하지 않았다. 안으로 곪아 겹겹이 쌓였던 원인이 기폭제를 만나 터졌다. 대한민국은 아직 한심한 재난 후진국임을 전 세계에 확인시켰다.

일본에서는 해상보안청 산하에 전문 잠수사 120여 명을 두고 선박 사고 때 수심 40미터까지도 탐색하는 능력을 갖췄다고 한다. 특히 24시간 대기체제로 운영하는 특수구난대를 하네다공항 내 기지에 두고 초기에 즉각 파견한다. 덕분에 지난해 해난사고에서 구조율 96퍼센트를 보였다니 부러울 정도다.

희생자 가족이 절규하고 있다. 사랑하는 사람을 떠나보낸 이들의 슬픔이다. 국민 대다수도 집단 우울감에 빠져 있다. 처음에는 충격에 놀란 가슴을 쓸어내렸다. 점차 허술한 관리나 선장, 승무원의 무책임에 경악했다.

우왕좌왕하며 무능함을 보이는 정부에는 분노했다. 충격, 경악, 분노가 합쳐져 함께 절규하고 있다. 온 국민의 휑한 몰골과 뻥 뚫린 가슴을 무엇으로 치유해야 하나.

— 〈매일경제〉 2014년 4월 22일 자 '世智園'

경제의 창으로 보는 세상

초판 1쇄 2016년 6월 25일

지은이 윤경호
펴낸이 전호림 **담당PD** 최진희 **펴낸곳** 매경출판(주)
등 록 2003년 4월 24일(No. 2 - 3759)
주 소 우)04557 서울시 중구 충무로 2(필동1가) 매일경제 별관 2층 매경출판(주)
홈페이지 www.mkbook.co.kr
전 화 02)2000 - 2610(기획편집) 02)2000 - 2636(마케팅) 02)2000 - 2606(구입 문의)
팩 스 02)2000 - 2609 **이메일** publish@mk.co.kr
인쇄 · 제본 ㈜M - print 031)8071 - 0961

ISBN 979 - 11 - 5542 - 489 - 6(03320)
값 14,000원